Cada vez que mi brillante amig‹ ... noticia. Y este, el más reciente, no será la excepción. *Gana la guerra en tu mente* es de lectura obligada para aquellos que quieren identificar patrones dañinos de pensamiento y saber qué hacer con ellos. Mucho de la vida se gana o se pierde en nuestros pensamientos. Este extraordinario libro es un compendio de investigación, verdades bíblicas y profundos paradigmas en movimiento que te ayudarán a ganar la guerra diaria que se libra en tu mente. Planeo regalar uno a cada miembro de mi familia. ¡Es lo mejor!

—LYSA TERKEURTS, AUTORA SUPERVENTAS #1 DE LA LISTA DEL *NEW YORK TIMES*; PRESIDENTA DE PROVERBS 31 MINISTRIES

No podemos cambiar lo que no vemos y no podemos traer a Jesús aquello que no nos hemos dado el tiempo para entender. Este libro está lleno de pensamientos de una voz en la que he confiado por décadas. Craig nos ayuda a entender cómo están programadas nuestras mentes, por qué hacemos lo que hacemos y cómo podemos dar el siguiente paso para avanzar en nuestra fe.

—BOB GOFF, ESPOSO DE LA DULCE MARIA GOFF

Si eres como yo y has luchado con la ansiedad o con patrones de pensamiento negativos, este libro es para ti. El pastor Craig hace un extraordinario trabajo al relatar cómo podemos cambiar nuestros pensamientos para que Dios pueda transformar nuestras vidas. Lo mejor es que usa la psicología y la Palabra de Dios para brindarnos verdades. Este libro te mostrará cómo conceptualizar tu nueva vida y dejar de creer las mentiras del enemigo.

—SADIE ROBERTSON HUFF, AUTORA, CONFERENCIANTE, FUNDADORA DE LIVE ORIGINAL

Creer en mentiras nos roba la vida que Dios ideó para nosotros. A través del lente de la Escritura y la ciencia, Craig nos da poderosas estrategias para enfrentarlas, transformar nuestra mente y triunfar con la verdad de Dios.

—DAVE RAMSEY, AUTOR DE MAYOR VENTA Y LOCUTOR DE RADIO

Tu pensamiento determina tu destino. Cualquier cosa que pienses que puedes hacer o no, es lo correcto. Este libro te dará herramientas para renovar tu mente a través del poder de la Palabra de Dios con el fin de que puedas vivir apasionado, con una vida ferviente, llena de propósito y así alcances tu destino.

—CHRISTINE CAINE, AUTORA DE MAYOR VENTA;
FUNDADORA DE A21 AND PROPEL WOMEN

Práctico y profundo. Hay pocas personas tan hábiles como el pastor Craig Groeschel, que agarran una verdad teológica y desmenuzan el entramado confuso hasta llegar a una clara y significativa aplicación. Por esa razón confío tanto en que este libro retará y guiará a los lectores hacia cambios fructíferos de vida. Creo que el tema es esencial para la santidad de cada creyente, por lo que este libro es de lectura obligada.

—LOUI GIGLIO, PASTOR DE PASSION CITY CHURCH;
FUNDADOR DE PASSION CONFERENCES; AUTOR DE NO
LE DES AL ENEMIGO UN ASIENTO EN TU MESA

Desde la infancia, supe que la diferencia entre las personas exitosas y las no exitosas estaba en como piensan. Es una lección que mi padre me enseñó y que permanece como una guía para mí hasta el día de hoy. En su nuevo libro, mi amigo Craig Groeschel aporta tanto ciencia como sabiduría bíblica para analizar el proceso de pensamiento y mostrarte cuánto puedes cambiar tu pensamiento conforme cambia tu vida.

—JOHN C. MAXWELL, FUNDADOR DE THE
MAXWELL LEADERSHIP ENTERPRISE

Es tiempo de romper con las viejas formas de pensar y empezar a dirigirte hacia la vida que podrías vivir, una en la que ya no te controlen tus pensamientos. En lo personal, he necesitado estas lecciones de mi amigo Craig Groeschel, por lo que me alegra mucho que comparta esto contigo en su nuevo libro.

—STEVEN FURTICK, PASTOR DE ELEVATION CHURCH;
AUTOR SUPERVENTAS DE LA LISTA DEL NEW YORK TIMES.

Craig es un valiente líder que ha consagrado su vida a difundir la verdad entre nuestra generación. Es una guía valiosa en este importante tema.

—JENNIE ALLEN, AUTORA DEL LIBRO DE MAYOR VENTA
GET OUT OF YOUR HEAD POR EL NEW YORK TIMES;
FUNDADORA Y VISIONARIA DE IF:GATHERING

Craig ha recurrido a su característico entusiasmo para ver a las personas ganar, lo que acompaña con un entendimiento de la ciencia cerebral y su habilidad para comunicar la Palabra de Dios, y ha puesto eso en este libro. Conforme leas estas páginas, tendrás una excelente oportunidad para que tu cerebro y tu corazón bailen juntos.

—MICHAEL JR., COMEDIANTE, AUTOR, LÍDER DE PENSAMIENTO.

CRAIG GROESCHEL

AUTOR *BEST SELLER* DEL *NEW YORK TIMES*

GANA LA GUERRA

EN TU MENTE

CAMBIA TUS PENSAMIENTOS, CAMBIA TU VIDA

La misión de Editorial Vida es ser la compañía líder en satisfacer las necesidades de las personas, con recursos cuyo contenido glorifique al Señor Jesucristo y promueva principios bíblicos.

GANA LA GUERRA EN TU MENTE
Edición en español publicada por
Editorial Vida, 2022.
Nashville, Tennessee

© 2022 Editorial Vida
Este título también está disponible en formato electrónico.

Originalmente publicado en inglés en EUA bajo el título:
Winning the War in Your Mind
Copyright © 2021 por Craig Groeschel
Publicado con permiso de Zondervan, Grand Rapids, Michigan 49530.

El autor está representado por Thomas J. Winters of Winters & King, Inc., Tulsa, Oklahoma.

Editora en Jefe: *Graciela Lelli*
Traducción: *Roberto Cabrera*
Adaptación del diseño al español: *Deditorial*

ISBN: 978-0-82977-084-1
eBook: 978-0-82977-085-8

CATEGORÍA: Religión / Vida Cristiana / Crecimiento personal
IMPRESO EN ESTADOS UNIDOS DE AMÉRICA
PRINTED IN THE UNITED STATES OF AMERICA

HB 08.03.2022

Dedico este libro a mi padre.
Vives con la actitud más positiva que
jamás haya conocido en alguien.
Gracias por luchar siempre en busca
del lado bueno y por inspirarme a
cambiar mi forma de pensar.
Estoy orgulloso de que seas mi papá.

OTROS LIBROS DE **CRAIG GROESCHEL**

CONTENIDO

TERCERA PARTE: EL PRINCIPIO DE LA REESTRUCTURACIÓN
Reestructura tu mente, restaura tu perspectiva

CUARTA PARTE: EL PRINCIPIO DEL REGOCIJO
Revive tu alma, reclama tu vida

¿A DÓNDE TE ESTÁN LLEVANDO TUS PENSAMIENTOS?

NUESTRAS VIDAS SIEMPRE SE MUEVEN EN LA DIRECCIÓN de nuestros pensamientos más dominantes. Nuestros pensamientos moldean lo que somos.

Por tanto, debes leer esto y pensar que si me comporto como un predicador dramático y muy exagerado es para llamar tu atención. Pero esto no es una exageración. Nuestras vidas siguen la dirección de nuestros pensamientos. Cuanto mejor comprendamos la verdad, mejor equipados estaremos para cambiar la trayectoria de nuestras vidas. Pero no lo creas porque lo diga yo. Tanto la Biblia como la ciencia moderna proveen evidencia de que eso es verdad. A través de este libro descifraremos tanto la Escritura como lo que hemos aprendido de la investigación científica. Aquí tenemos un pequeño ejemplo de ambas:

En Filipenses 4:8-9, el apóstol Pablo escribe: «Por lo demás, hermanos, todo lo que es verdadero, todo lo digno, todo lo justo, todo lo puro, todo lo amable, todo lo honorable, si hay alguna virtud o algo que merece elogio, en esto mediten. Lo que también han aprendido y recibido y oído y visto en mí, esto practiquen, y el Dios de paz estará con ustedes».

En estas tres afirmaciones, Pablo diserta:

- pensamiento («en esto mediten»)
- acción («esto practiquen»)
- experiencia («el Dios de paz estará con ustedes»).

Pablo nos dice que nuestros pensamientos moldean nuestras vidas.

En años recientes, una disciplina completa de la psicología moderna ha desarrollado lo que llamaron terapia cognitiva del comportamiento. Este avance en la enseñanza revela que muchos de los problemas que van desde desórdenes alimenticios hasta relaciones riesgosas, adicciones y aun algunas formas de depresión y ansiedad, tienen sus raíces en patrones incorrectos y negativos de pensamiento.[1] Para tratar con esos problemas hay que empezar cambiando el modo de pensar.

No sé tú, pero cuando la Biblia y la psicología moderna hablan de lo mismo, me dan ganas de saber más.

¿TIEMPO PARA CAMBIAR TU MANERA DE PENSAR?

En diez años, nos miraremos en el espejo y alguien nos hará reflexionar en el pasado. Esa persona estará moldeada por los pensamientos de hoy.

La vida que tenemos es un reflejo de aquello que pensamos.

Ese es un pensamiento enloquecedor, ¿no es así? Lo que pensamos determina qué llegaremos a ser mañana. Y más insensato todavía, probablemente, ¡porque ni siquiera nos percatamos de que eso está sucediendo! No pensamos en el poder de nuestros pensamientos, lo que los hace mucho más poderosos. Pero Dios nos hizo de esta manera. Lo que la ciencia está demostrando hoy es aquello que Dios nos dijo por medio de Salomón alrededor de tres mil años atrás: «Porque cual es su pensamiento en su corazón, tal es él» (Proverbios 23:7 RVR1960)

Por tanto, si la Biblia y la ciencia moderna nos enseñan que nuestras vidas se mueven en la dirección de nuestros pensamientos más dominantes, entonces necesitamos preguntarnos: «¿Me gusta la dirección en la que mis pensamientos me están llevando?».

Si tu respuesta es no, entonces es tiempo de modificar tu forma de pensar. Decide cambiar tu mentalidad tanto como Dios cambia tu vida. Si estás enfermo y agotado de estar padeciendo y cansado, o de tener una vida envenenada por pensamientos tóxicos, o de ser rehén de esas voces internas, quiero animarte a que te mantengas leyendo y receptivo. Ya sea que te consideres o no cristiano, te aseguro que en estas páginas hay verdades que te serán útiles si pones algo de esfuerzo en aplicarlas.

Puesto que andaremos juntos a través de este importante tema, quiero mostrarte cuánto puedes cambiar tus pensamientos y transformar tu vida.

En la primera parte examinaremos la batalla por tu mente y por qué, realmente, no eres el único que tiene esos pensamientos.

En la segunda aprenderás cómo trabaja tu cerebro y cómo renovarlo.

En la tercera descubrirás cómo replantear tu pensamiento y rediseñar tu mente alrededor de nuevos pensamientos.

Y en la cuarta parte estarás equipado para identificar tus detonantes mentales y superarlos por medio de la oración y la alabanza.

Después de cada capítulo encontrarás un ejercicio que ha de llevarte a la renovación de tu mente.

Así, al final del libro, visualizaremos tu nueva vida. Verás cómo puedes tener una existencia libre de ansiedad y de negatividad, al tiempo que experimentas el gozo y la paz que provienen de conocer a Dios y vivir en su verdad.

Si eres escéptico, no hay problema. Créeme, lo entiendo. Todos hemos intentado, infructuosamente, cambiar los malos hábitos y forzar nuestro descarriado tren de pensamientos para que regrese a la ruta correcta. Pero ahora no te encuentras solo. Estás a punto de descubrir que Dios hará equipo contigo para transformar tu pensamiento. Y yo seré tu guía para iniciar este viaje junto a ti.

Con la ayuda de Dios, *puedes* transformar tu mente.

Puedes dejar de creer las mentiras que has abrazado por mucho tiempo.

Puedes dar fin al círculo vicioso de pensamientos que te destruyen a ti y a otros.

Puedes permitir que Dios renueve tu mente y la sature con su inmutable verdad.

Puedes permitir que los pensamientos de Dios lleguen a ser tus pensamientos.

Con esta oportunidad, volvamos a nuestra proposición del inicio: nuestras vidas siempre se mueven en la dirección de nuestros pensamientos más dominantes. Nuestros pensamientos moldean lo que somos.

Si estás de acuerdo con esta proposición —y recuerda, tanto la Biblia como la ciencia moderna dicen que esto es verdad—, entonces es tiempo de cambiar tu manera de pensar para que Dios cambie tu vida.

EL PRINCIPIO DEL REEMPLAZO

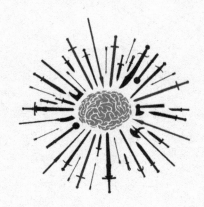

Desecha las mentiras, reemplázalas con la verdad

Porque no nos ha dado Dios espíritu de cobardía, sino de poder, de amor y de dominio propio.

—2 TIMOTEO 1:7 (RVR1960)

CAPÍTULO 1

LA PERCEPCIÓN Y
LA REALIDAD

MI AMIGO KEVIN SIRVIÓ EN EL EQUIPO DE NUESTRA IGLE-
sia como uno de los pastores por casi veinte años antes de jubilarse.
En aquellos primeros días, nuestro equipo solía practicar un juego
llamado «captura la bandera» en frente a las oficinas de la iglesia.
Ocasionalmente aquello se tornaba impetuoso con los jugadores
tratando de agarrar la bandera. Pero, dado que somos ministros,
ten por seguro que era una impetuosidad santa. A veces, sin
embargo, algunos terminaban lastimados, por lo que tuvimos que
establecer ciertas reglas.

Una de esas reglas fue no atacar antes de las ocho de la
mañana. Yo solía comenzar a trabajar temprano, pero un día
que llegué alrededor de las siete de la mañana iba en dirección
a mi oficina y mi instinto arácnido se activó. Algo no estaba
bien. Sospeché que se trataba de una broma, entonces abrí
la puerta del armario y encontré al pastor Kevin escondido.

No sé si pasó la noche entera ahí, pero su plan era esperar pacientemente para atacarme por sorpresa cuando llegara el momento.

Sin embargo, gracias a mis habilidades de superhéroe para detectar el peligro, frustré su plan. Estaba tan emocionado que lancé la puerta, la sostuve con mi pie en la parte inferior y grité triunfante: «Pasarás el día en este armario, Kevin».

Trabé la puerta con una silla para asegurar a mi prisionero. Reí como un maniático y le dije: «¡Le estoy poniendo una silla a la manija para que no puedas abrirla!». Pero no importaba qué tan fuerte lo intentara, no podía hacer encajar la silla. Y como no podía mover mi pie de la puerta, no había nada que pudiera hacer para encerrar a Kevin en el armario. Afortunadamente para mí, no permití que él supiera eso. Me creyó. Así que toda esa falsa certeza que pude mostrar le hizo pensar: *Ahora hay una silla debajo de la manija, Kevin. ¡No puedes salir!* Sí, mentí, pero soy pastor, por tanto, fue una mentira santa.

Bueno, ¿qué hizo Kevin? Más bien, *qué no hizo.* ¡Ni intentó abrir la puerta! Simplemente creyó mi mentira.

Kevin comenzó a gritar: «¡Déjame salir, déjame salir! Por favor, ¡déjame salir! No quiero pasar el día aquí dentro. ¡Déjame salir!».

No podía dejar de reír. Porque la puerta estaba abierta. Todo lo que él tenía que hacer era girar la perilla, empujar y sería libre. Pero permaneció dentro del armario.

Como tenía una consejería prematrimonial agendada a las ocho de la mañana, fui a mi oficina para reunirme con la pareja pronta a casarse. Como a las ocho y veinte escuché algo en el techo, encima de mí. Luego, volví a escuchar el ruido. Era Kevin.

Había escalado el estante dentro del armario y se subió al techo entre el plafón, tratando de encontrar una salida.

Cuando el plafón se desprendió repentinamente, vi los ojos de Kevin fulminándome. Le pedí a la pareja que olvidara la intrusión, levanté la mirada y bromeé diciendo: «Si esperas que termine con esta reunión, llamaré al departamento de bomberos y veré si ellos pueden ayudarte a bajar. Si no, ¡pasarás el resto de tu vida en ese techo!». La pareja en cuestión enfrentó un dilema: ¿debían reír u orar por el chico atascado sobre nosotros?

Por puro respeto a ellos, Kevin esperó. Todo el tiempo la puerta del armario estuvo sin seguro.

Me pregunto si te sientes encerrado o cautivo. De ser así, ¿has considerado que podrías estar atrapado en una prisión hecha por ti mismo? Quizá sientas que algo te está impidiendo vivir como deseas, sin experimentar la relación que quieres tener con Dios, con poca o ninguna esperanza en el futuro, pero ¿estás atrapado o no? Si crees que lo estás, si crees que hay una cerradura en la puerta, te has rendido a una mentira. Y es la mentira, nada más, lo que te está inmovilizando. Sin embargo, si te identificas con esa mentira, entonces podrás eliminarla. Podrás reemplazarla con la verdad y ser libre. Tu liberación es un simple proceso de dos pasos:

- Eliminar la mentira.
- Reemplazarla con la verdad.

Sin embargo, la lucha en este proceso es muy real y bastante dura, por lo que puedes sentir como si en ti se estuviera librando una guerra. Porque eso es exactamente lo que está pasando.

LA BATALLA POR TU MENTE

En los años ochenta, se nos enseñó que el amor es un campo de batalla. ¡Gracias, Pat Benatar! Si eres un poco más joven, aprendiste la misma lección con Jordin Sparks. Si eres aun más joven, conoces Battlefield [Campo de Batalla] como una serie de videojuegos.

Pero no, tu *mente* es el campo de batalla y la batalla por tu vida siempre se gana o se pierde en tu mente.

Imagínate una batalla. Ahora imagina que la gente de un lado no entiende que está involucrada en una batalla. El enemigo los está atacando y eliminándolos, eligiéndolos uno por uno, pero no se dan cuenta.

¿Es difícil de imaginar porque es demasiado absurdo? Estoy de acuerdo. Pero todos los días, tú estás involucrado en una batalla; ¿eres consciente de eso? Quizá no reconozcas que estás en una batalla mientras causa estragos en ti. ¿Alguna vez te has preguntado por qué no puedes eliminar un hábito? ¿Por qué sientes que no puedes conectarte con Dios? ¿Por qué pierdes los estribos tan fácilmente? ¿Por qué tomas malas decisiones con demasiada frecuencia? ¿Por qué tu cónyuge y tú pelean tanto? ¿Por qué los consumen la preocupación, el miedo y la negatividad?

Hay una razón. Tu mente es una zona de guerra y se encuentra bajo ataque. Es fundamental que estés consciente de la pelea. No podrás cambiar lo que no enfrentes. Si ignoras la batalla, la perderás. El apóstol Pablo dejó clara esta verdad: «Porque nuestra lucha no es contra sangre y carne, sino contra principados, contra potestades, contra los poderes de este mundo de tinieblas, contra las *fuerzas* espirituales de maldad en las *regiones* celestes» (Efesios 6:12).

Tu adversario no es tu jefe, tu cónyuge, tu hijo, tu ex ni tu vecino con el endemoniado perro que siempre está ladrando. Quizá no te des cuenta, pero luchas contra tu enemigo espiritual, el diablo. ¿Parece demasiado extremo? Eso es exactamente lo que tu enemigo quiere.

« **NO PODRÁS CAMBIAR LO QUE NO ENFRENTES** »

Hay un viejo dicho que plantea: «El mayor truco que el diablo ha hecho ha sido convencer al mundo de que no existe». Satanás no quiere que creas en él, por eso trabaja sutilmente. Sabe que si lo ignoras, podrá invadir tu mente con impunidad. Él planta semillas de duda, confusión, preocupación, depresión y ansiedad que seguirán creciendo.

Satanás es tu enemigo invisible cuya misión es «robar, matar y destruir» (Juan 10:10), detenerte (1 Tesalonicenses 2:18) y devorarte (1 Pedro 5:8). Te desprecia con más odio que el que puedas imaginar. Quiere mantenerte alejado de Dios y de la vida que Dios tiene para ti. Quiere evitar que tengas relaciones cercanas con los que más amas. Quiere robarte el gozo interior y la paz permanente. Quiere despojarte de la plenitud que podrías tener al saber que estás marcando una diferencia con tu vida.

¿Cómo lo hace?

Sencillo. Miente. Así como le mentí a Kevin sobre la puerta cerrada. Satanás es un engañador y su estrategia para derrotarte es persuadirte para que creas en sus mentiras. Jesús nos advirtió: «No hay verdad en él. Cuando habla mentira, habla de su propia naturaleza, porque es mentiroso y el padre de la mentira» (Juan 8:44). Creo que es interesante que la única vez que Satanás es llamado creador, padre, sea en relación con las mentiras.

Entiende esto: Satanás es tu enemigo y todos los días te está acechando (1 Pedro 5:8), observando, buscando un resquicio donde puedas creer una mentira.

Si tiene éxito en algo, tal vez pueda convencerte de que no necesitas a Dios. Si fracasa, intentará lavarte el cerebro para que pienses que siempre serás un fracaso.

¿Tuviste una gran primera cita? Te sugerirá que el romance es lo único que te hará feliz. ¿Fue la primera cita un desastre? Te susurrará que nunca habrá nadie que te ame por lo que eres.

Si haces algo bueno por una persona difícil, te murmurará que eres una gran persona y que en realidad no necesitas la gracia de Dios. Si en cambio hablas duramente con alguien, te susurrará que eres una persona horrible y odiosa a la que Dios nunca podría amar.

Si estás tratando de mantenerte lejos de la pornografía, te dirá que todos los demás lo hacen. Si cedes a verla, te hará sentir como la única persona lo suficientemente enferma como para hacer algo tan repugnante.

Satanás es mañoso y está tratando de encerrarte en una prisión de mentiras.

Pero tú no eres su prisionero de guerra, a menos que decidas serlo. Esos días pueden terminar. Es tu decisión.

COMO SI UNA MENTIRA FUERA VERDAD

Durante siglos la gente consideraba que el mundo era plano. (Algunos todavía lo piensan. ¿No me crees? Búscalo en Google. Encontrarás que actualmente hay «creyentes en la tierra plana»). Debido a que creyeron en esa idea errónea, sus vidas se vieron afectadas como si eso fuera verdad. La gente no se aventuraba a llegar demasiado lejos en el océano por temor a caer por la orilla. ¿Por qué? Insisto, una mentira que se cree como verdad afectará tu vida como si fuera verdad.

Cuando chicos, a muchos se nos dijo que nadar después de comer era peligroso. Nuestros padres nos hacían esperar treinta minutos antes de meternos a la piscina. El único problema es que no es peligroso nadar después de comer. Era y es mentira. Ahora mismo quizá estés pensando: *No, estoy bastante seguro de que es verdad.* ¡Pero no es así! Sin embargo, lo creímos, así que la mentira nos afectó como si fuera verdad.

Perder un poco de tiempo de natación no es gran cosa, pero ¿y si creyeras mentiras mucho más significativas que tuvieran implicaciones serias? ¿Y si crees la mentira de que nunca serás lo suficientemente bueno? ¿O que has cometido demasiados errores? ¿O que Dios realmente no se preocupa por ti? ¿O que nunca podrás dejar de hacer lo que no quieres hacer?

Insisto, ya que este punto es crucial: una mentira que se cree como verdad afectará tu vida como si lo fuera.

Hay una mentira específica que he creído desde que tengo memoria. Vivir creyéndola ha sido una de las mayores fuerzas limitantes de mi vida. Durante años mis pensamientos más fuertes siempre han sido acerca de mis defectos. Siempre me he sentido incapaz. Independientemente de lo que cualquiera me dijera, mi voz interior siempre gritaba: *No importa lo duro que lo intentes, nunca darás la talla.*

¿Por qué me sentía así? Francamente, no estoy seguro; nunca me he sentido de otra manera. Al parecer, dudar de mí mismo me resulta natural, pero al mismo tiempo podría darte una lista de experiencias que demuestran por qué debería sentirme así.

En esencia, estaba viviendo una vida sin fe.

Al escribir estas palabras sobre cómo podemos controlar nuestros pensamientos, mi mente está girando a toda velocidad. Como escribió a menudo el salmista (Salmos 42:5, por ejemplo), estoy luchando con mis pensamientos. Estoy luchando contra sentimientos de ansiedad abrumadora porque he dicho que sí a demasiadas cosas y he vuelto a condescender demasiado.

Sí, mi mente está fuera de control. Desearía decirte que estoy pleno de fe al escribir este primer capítulo del libro, pero mis pensamientos están llenos de temor.

Entonces, vuelvo a lo que sé que es verdad. Y lo que es cierto es el planteamiento de este libro.

Arremeto contra el enjambre de pensamientos que tengo en la cabeza y recuerdo que no soy víctima de mi propia mente. Tengo poder sobre mis pensamientos. No soy prisionero de ellos. Con la ayuda de Dios, puedo sujetarlos.

Aunque conozco esas verdades, al mismo tiempo la realidad es que soy un guerrero del pensamiento que ha luchado contra la inseguridad, la negatividad, el temor y la ansiedad la mayor parte de mi vida.

A mitad de mis estudios en la universidad me sucedió algo dramático. Jesús transformó mi vida. Por la gracia de Dios, me encontró y me salvó.

Pronto estaba siendo tan transformado por mi relación con Cristo que, aunque todavía era muy nuevo en mi fe, sentí que Dios me estaba llamando a ser pastor. (Mucho antes de que los pastores pudieran usar zapatos a la moda y tener más seguidores en Instagram que miembros en su iglesia).

A medida que Dios edificaba mi fe, sentía que me estaba diciendo que yo podía marcar una diferencia en el mundo a través de su iglesia. Todas mis inseguridades de la infancia y las dudas de la adolescencia estaban siendo eclipsadas por atisbos de esperanza. ¿A qué me refiero? Bueno, veamos algunos antecedentes como contexto:

Cuando chico, mi familia no podía permitirse ropa de marca, así que mi madre compraba calcetines finos pero usados en las ventas de artículos de segunda mano, les recortaba los emblemas y los cosía en mis camisas corrientes.

Me sentía falso.

En segundo grado descubrí que era daltónico. No solo no podría combinar mis camisas falsas con mis pantalones sin marca, sino que nunca vería la belleza de este mundo como los demás.

Me sentía defectuoso.

En un concurso de deletreo con mis compañeros de clase, deletreé mal la palabra «Mississippi». Habíamos aprendido una canción que nos enseñaba cómo deletrearla. Pero me enredaba cada vez que pronunciaba la *i*, porque es la única vocal que tiene y lo demás son dos consonantes». ¿Cómo pude haber deletreado mal «Mississippi»?

Me sentía tonto.

En quinto grado, una chica llamada Tiffany me dejó por un fulano llamado Brian. ¿Su razón? Brian tenía una motocicleta. Yo solo tenía un ciclomotor. (Sí, los niños de doce años en mi pequeño pueblo conducían motocicletas y ciclomotores). Tiffany decía que yo era un buen chico, como Richie Cunningham —el de la antigua comedia *Días felices*—, pero ella quería un chico atractivo y popular como Fonzie. (Si eres demasiado joven para recordar la serie *Días felices*, entonces piensa que es como si dijera que yo era un Screech [o un Josh] y que ella quería un Zack Morris [o un Drake], del popular programa televisivo *Salvado por la campana*).

Me sentía patético.

Mi padre jugó béisbol en las ligas menores. Era un atleta profesional y yo ni siquiera estaba seguro de si podía jugar en la universidad.

Me sentía desubicado.

Esos acontecimientos aislados, junto con muchos otros, forjaron mi propia percepción, realidad que llevaría a mi nueva fe como joven adulto.

Sentía que no era lo suficientemente bueno.

Así que aprendí a jugar a la segura y a evitar los riesgos a toda costa. Sentía que, dada cualquier oportunidad, fracasaría. Serenamente llegué a definir el éxito como el simple hecho de no fracasar.

Lo más probable es que tengas tu propio conjunto de mentiras que te paralizan. Las mentiras casi desviaron mi llamado al ministerio.

POR AHORA, NO

Solo unas semanas después de poner mi fe en Jesús, traté de enseñar mi primer estudio bíblico a un grupo de jóvenes en una pequeña iglesia en Ada, Oklahoma. Después, el líder del grupo de jóvenes me dijo: «Bueno, supongo que enseñar la Biblia no es tu don, ¿verdad?».

Tres años más tarde, finalmente, me armé de valor para tratar de enseñar la Biblia de nuevo, después de que me pidieron que predicara mi primer sermón. Al terminar el servicio, mientras estaba en la puerta para despedir a los miembros de la iglesia, un caballero mayor me miró con una ceja arqueada y comentó: «Buen intento». ¿Buen intento?

La siguiente dama en la fila me preguntó si tenía otras habilidades además de predicar, y luego hizo un débil intento por animarme a mantener mis opciones abiertas. En serio, eso sucedió realmente. Tuve que luchar contra la tentación de correr y esconderme en el baptisterio de la iglesia. ¡Y sí, inmersión total!

A pesar de ese otro revés, aún creyendo en el llamado de Dios, continué mi camino hacia el ministerio vocacional a tiempo completo, de modo que fui al seminario después de la universidad y de casarme. A mitad del seminario, finalmente llegó el día en que me presenté ante un grupo de líderes espirituales como candidato a ser ordenado en nuestra denominación. Frente a todo el comité, el portavoz me explicó: «Hemos decidido no ordenarlo. No tiene la mezcla de dones que vemos en la mayoría de los pastores. De hecho, no estamos seguros de si ha sido llamado a ser pastor. Pero siéntase libre de intentarlo de nuevo el año que viene. Pero por ahora, no».

De inmediato, esos recuerdos de la infancia se encontraron con los de la adolescencia. Todos unieron fuerzas con los rechazos de la iglesia, para formar una avalancha de pensamientos negativos que se estrellaron sobre mí, sepultándome. Las voces retumbaban con fuerza: *¡No eres suficientemente bueno! ¡Nunca serás suficientemente bueno! ¡Nunca estarás a la altura!*

Y entonces se emitió el veredicto: *¡No... tienes... lo que se necesita para eso!*

De regreso a casa, conduciendo mi Geo Prizm rojo, me sentía abatido, avergonzado, confundido y enojado. Devastado. *¿Cómo le explicaré a mi esposa que no fui elegido? ¿Cómo podré enfrentarme a mi pastor? ¿A mis amigos? ¿A mis compañeros de clase? ¿A la iglesia donde sirvo?* Las lágrimas fluían a medida que todos los pensamientos negativos se repetían uno tras otro.

Pero entonces, ocurrió algo extraño.

De pronto, una voz diferente interrumpió a las demás. Dios habló. *Me* habló. Aunque no eran audibles, las palabras de alguna manera parecían más fuertes que cualquier otra voz física que hubiera escuchado.

En ese momento, mi Padre celestial me dijo: «No eres lo que los demás dicen. Eres lo que yo digo. Y yo digo que has sido llamado al ministerio».

Aun cuando ese fue, por supuesto, uno de los momentos más poderosos y transformadores de mi vida, no me curé de repente de los pensamientos negativos ni me liberé de creer cada mentira que me había dicho en mi crecimiento. Los patrones seguían ahí. Las consecuencias seguían arraigadas. Pero

> « **NO ERES LO QUE LOS DEMÁS DICEN. ERES LO QUE YO DIGO.** »

comencé a ver que Dios tenía una manera bastante distinta de pensar para mí y una forma mucho más saludable de pensar en mí mismo. Me di cuenta de que me estaba ofreciendo la opción de seguir creyendo mis mentiras o aceptar su verdad acerca de mí.

Esa es la belleza de permitir que Dios domine nuestra mente: nos da un nuevo camino, una nueva forma de pensar, pero tenemos que subirnos a bordo, estar de acuerdo y cooperar con él.

DETECCIÓN DE MENTIRAS

¿Y tú? ¿Con qué mensajes negativos de tu infancia te quedaste?

¿Qué conclusiones no saludables y destructivas has llegado a creer acerca de ti mismo y de tu lugar en el mundo?

La estrategia de Satanás para ganar la batalla por tu mente es hacer que creas mentiras. Si crees una, eso te impedirá hacer lo que Dios te ha llamado a hacer.

La mentira te mantendrá viviendo avergonzado del pasado, cuando Dios quiere liberarte para un futuro mejor.

La mentira te impedirá vivir con alegría y libertad, y te confinará a una existencia inferior.

Cuando el legendario mago Harry Houdini llegaba a un pueblo para hacer su espectáculo, a menudo iba a la cárcel local y reunía a una multitud en el camino. Para levantar la expectativa sobre su siguiente actuación, le pedía al carcelero que lo encerrara en una celda. Vez tras vez, cárcel tras cárcel, pueblo tras pueblo, Houdini escapaba en cuestión de minutos.

Sin embargo, un carcelero oyó que Houdini vendría a su pueblo y se preparó. Cuando Houdini cerró la puerta de la celda, el carcelero puso la llave en la cerradura y disimuladamente la hizo girar en dirección contraria. Luego quitó la llave, y todos vieron cómo luchó Houdini por escapar, encerrándose repetidamente sin saberlo. Al fin, frustrado, Houdini reconoció que no podía escapar. Entonces el carcelero reveló su engaño. Houdini había creído una mentira y esta lo había mantenido cautivo.

Vivir basado en una mentira se parece mucho a creer que la puerta está cerrada cuando no lo está. Al otro lado se halla la libertad. Pero primero tienes que comprometerte a detectar las mentiras para experimentar la vida abundante que Dios te da y por la que Jesucristo vino y murió. Lo cual nos lleva a nuestro primer ejercicio.

— EJERCICIO 1 —

TU AUDITORÍA MENTAL

¿ALGUNA VEZ TE HAS ENCONTRADO PENSANDO EN COSAS COMO... ?

- Simplemente, no puedo cambiar. Aunque lo intento, siempre me quedo atorado.
- Nunca podré salir de deudas. No importa lo que haga, siempre tendré problemas económicos.
- Nadie me ama de verdad. Y si conocieran mi verdadero yo, definitivamente no querrían ni acercárseme.
- No soy bueno para las relaciones. Cuando las empiezo con alguien, siempre hago algo para estropear las cosas.
- La gente de mi familia lucha con su peso. Nunca me gustará mi cuerpo.
- No puedo acercarme a Dios. Estoy seguro de que es culpa mía. Debe haber algo en mí que me impide experimentar a Dios como los demás.
- Cuando veo lo que publican los demás en las redes sociales, siento que mi vida es un desastre.

Si crees que no puedes hacer algo, probablemente no lo harás. Si, por otro lado, crees que puedes, lo más probable es que lo hagas. Lo mismo ocurre con tus problemas. Si pones tu atención en ellos, te abrumarán. Pero si buscas soluciones, encontrarás algunas.

Si te sientes como una víctima, pensarás como víctima, y la dirección de tu vida podría ser de tristeza y sufrimiento. Pero si crees que por el poder de Cristo puedes vencer, entonces con su ayuda podrás. Considera esto:

- Lo que eres hoy es el resultado de tus pensamientos en el pasado.
- Lo que llegues a ser en el futuro reflejará lo que piensas hoy.

Ya sean dudas sobre nosotros mismos, preocupación o una respuesta deficiente a un mal día o una temporada difícil, todos luchamos con pensamientos negativos que intentan apoderarse de nuestras emociones y decisiones.

El objetivo de este ejercicio es darte la oportunidad de considerar en qué piensas.

Hagamos una auditoría mental. Haz una pausa por un momento y prepara tu mente. Concéntrate en responder con sinceridad. Esto podría comenzar el proceso de cambiar tu manera de pensar. Este ejercicio consta de dos partes.

PRIMERA PARTE: INVENTARIO

A medida que transcurra un día normal, captura tus pensamientos. Escríbelos en un papel, en las notas de tu teléfono o grábalos en tu aplicación de notas de voz para transcribirlos más tarde. Créeme, si realmente quieres cambiar, necesitas invertir tiempo para descubrir lo que piensas habitualmente. Sé sincero. No te mientas a ti mismo en cuanto a las cosas falsas que te dices.

Evalúa los factores consistentes de tu día. ¿Eres más negativo por la mañana, pero normalmente te equilibras al final de tu jornada laboral? ¿O al revés? ¿Sueles llevarte los pensamientos negativos a casa? ¿O te las arreglas para dejarlos en el trabajo? Considera todas las dinámicas y patrones de tu día. Ora y pídele a Dios que te revele todo lo que quieres que vea y comprenda de tu forma de pensar.

Cuando veas tus pensamientos en blanco y negro, podrás comenzar a trabajar en ellos. Jesús dijo que la verdad nos hará libres, pero primero debemos revelar la verdad.

SEGUNDA PARTE: AUDITORÍA

A continuación hay veinte preguntas que te ayudarán a analizar lo que piensas habitualmente. Las he dividido en dos categorías: defensa (protección del enemigo) y ataque (crecimiento hacia Dios). Escribe tus respuestas de manera sincera. Cuando termines, compara tu defensa y tu ataque. Esta evaluación te ayudará a ver tus pensamientos y a trabajar por un cambio real.

En un día normal:

DEFENSA:

• **¿Me están destrozando mis pensamientos?**

- ¿Tengo pensamientos de preocupación?

- ¿Mi diálogo interior me hace retroceder por temor?

- ¿Mis pensamientos me hacen mantener a la gente a distancia?

- ¿Mis pensamientos malsanos me impiden tener la vida que deseo?

- ¿Mis pensamientos malsanos me impiden tener la vida que Dios desea?

- ¿Son mis pensamientos negativos tóxicos o autocríticos?

- ¿Mi voz interior me dice que estoy indefenso o que la vida es desesperada?

- ¿Me siento escéptico en cuanto a los demás?

- ¿Me inclino a imaginar los peores escenarios?

ATAQUE:

- ¿Me edifican mis pensamientos?

- ¿Tengo pensamientos apacibles?

- ¿Me inspira mi diálogo interior a arriesgarme con la fe?

- ¿Me ayudan mis pensamientos a acercarme más a los demás?

- ¿Reflejan mis pensamientos mi fe?

- ¿Honran a Dios mis pensamientos?

- ¿Reflejan mis pensamientos mi esperanza en Cristo?

- ¿Me inspiran a creer que puedo marcar una diferencia en el mundo?

- ¿Me preparan para llegar a ser más como Jesús?

- ¿Se conectan mis pensamientos con la visión que Dios tiene para mi vida?

Recuerda: el objetivo es meditar en lo que piensas. Puedes usar esta información a medida que avancemos para ayudarte a tomar medidas útiles para ganar la batalla de tu mente. A medida que continuemos, llegaremos a algunas respuestas que tratan con la verdad que has revelado en este ejercicio. Cobra ánimo. Estás a un paso más cerca de cambiar tu forma de pensar y de creer lo que Dios dice sobre ti.

CAPÍTULO 2

CONVIÉRTETE EN UN GUERRERO

DEL PENSAMIENTO

EL PROFESOR QUE NOS GUÍA EN EL CURSO DE ESTUDIO del pensamiento avanzado que estamos por tomar será el apóstol Pablo. Sus escritos nos enseñarán la forma bíblica de ganar la batalla en nuestra mente.

Por increíble que sea, Pablo escribió algunas de sus enseñanzas en prisión. Y sí, su puerta en realidad estaba cerrada. Sin embargo, aunque su cuerpo estaba tras las rejas, la mente de Pablo era libre. ¿Cómo? Había llevado sus pensamientos al cautiverio mucho antes de entrar a una celda. Conocía dos verdades que también nosotros necesitamos saber:

1. La batalla por tu vida se gana o se pierde en tu mente.
2. Tus pensamientos *te controlarán*, así que debes controlarlos tú.

Pablo no siempre había sido un guerrero del pensamiento. Fíjate cómo se describe a sí mismo en Romanos 7:15-24:

Porque lo que hago, no lo entiendo. Porque no practico lo que quiero *hacer*, sino que lo que aborrezco, eso hago. Y si lo que no quiero *hacer*, eso hago, estoy de acuerdo con la ley, *reconociendo* que es buena. Así que ya no soy yo el que lo hace, sino el pecado que habita en mí.

Porque yo sé que en mí, es decir, en mi carne, no habita nada bueno. Porque el querer está presente en mí, pero el hacer el bien, no. Pues no hago el bien que deseo, sino el mal que no quiero, eso practico. Y si lo que no quiero *hacer*, eso hago, ya no soy yo el que lo hace, sino el pecado que habita en mí.

Así que, queriendo yo hacer el bien, hallo la ley de que el mal está presente en mí. Porque en el hombre interior me deleito con la ley de Dios, pero veo otra ley en los miembros de mi cuerpo que hace guerra contra la ley de mi mente, y me hace prisionero de la ley del pecado que está en mis miembros.

¡Miserable de mí! ¿Quién me libertará de este cuerpo de muerte?

Eso no parece que lo dijera un tipo que ha dominado sus pensamientos. Aunque todos entendemos lo que está diciendo, suena a locura. Pero fíjate cómo Pablo se describe a sí mismo en Filipenses 4:12: «En todo y por todo he aprendido el secreto». Bien, eso sí parece que lo dice un tipo que ha dominado sus pensamientos.

El cambio en Pablo me alienta. Porque mi vida mental puede ser una locura. Mi mente puede correr de manera desenfrenada. Me desespero. Me obsesiono. Puedo estar confundido. Algunas veces me siento abrumado. Es como estar en una confrontación conmigo mismo y estoy perdiendo.

Sin embargo, francamente, todos podemos estar un poco locos, ¿correcto? Tú intentas no preocuparte, pero lo haces. Te dices que vas a ser positivo, pero no lo eres. Como planteó Pablo: «Porque no practico lo que quiero hacer, sino que lo que aborrezco, eso hago». ¡La batalla diaria es muy frustrante!

Pero Pablo dominó su mente. Dijo que había aprendido un secreto. De modo que eso significa que nosotros también podemos.

¿Cómo ganó la guerra en su mente? ¿Cómo podemos hacerlo nosotros? Pablo también escribió: «Pues aunque andamos en la carne, no luchamos según la carne. Porque las armas de nuestra contienda no son carnales, sino poderosas en Dios para la destrucción de fortalezas; destruyendo especulaciones y todo razonamiento altivo que se levanta contra el conocimiento de Dios, y poniendo todo pensamiento en cautiverio a la obediencia de Cristo» (2 Corintios 10:3-5).

Nota que Pablo usó la palabra *nosotros* en sus afirmaciones. Aquellos que tienen una relación con Cristo pueden experimentar ese cambio. Analicemos sus palabras y veamos cómo la aplicación de ellas puede transformar nuestra vida.

UNO, DOS, TRES, DECLARO LA GUERRA

¿Recuerdas las guerras con los pulgares que jugabas en tu infancia? Bueno, el Campeonato Mundial de Guerra de Pulgares se celebra en el Reino Unido cada año. Lo sé. A mí también se me hizo difícil de creer.

Dos tipos grandes, musculosos y tatuados, con nombres como Bajo el Pulgar y Jack la Pinza, se miran en forma amenazante uno al otro. Se nota que hablan en serio. Pero cuando dicen: «Uno, dos, tres, declaro la guerra de pulgares», ahí pierdo el interés. Dos tipos peleando con sus pulgares en un cuadrilátero en el que introducen sus dedos, simplemente, no capta mi atención.

No obstante, tú y yo en realidad estamos en una guerra. Lo sé. También me parece difícil de creer. Porque casi nunca se siente eso. La vida simplemente parece normal.

Pero estamos en guerra. Una que tiene menos que ver con nuestros pulgares y todo con lo que está alrededor nuestro.

No sé tú, pero yo nunca he mirado al diablo ni le he dicho: «Uno, dos, tres, declaro la guerra espiritual». Aunque ¿tal vez sea hora? Olvídate de los pulgares. Declara la guerra.

Sin embargo, Pablo dijo: «Pues aunque andamos en la carne, no luchamos según la carne» (2 Corintios 10:3).

El problema es que muchos cristianos no hacen la guerra, en lo absoluto. Satanás nos agrede con el mal. Nos golpea con engaño y nos bombardea con mentiras. Pero es probable que seamos inconscientes de ello.

Como resultado, nuestra vida no es lo que queremos, por lo que nos insensibilizamos ante esa realidad. Anhelamos más pero nos conformamos con menos. Nos mantenemos demasiado ocupados y distraídos. Compramos cosas, intentamos impresionar a la gente y llenar un vacío interior misterioso e interminable. Nos desplazamos mecánicamente por las redes sociales sintiéndonos excluidos, ignorados e irrelevantes al comparar nuestra sosa existencia con los mejores momentos de los demás. Hacemos lo mejor que podemos para fingir que somos felices, mientras que una guerra provoca estragos a nuestro alrededor. Y como resultado, vamos perdiendo batalla tras batalla.

Es probable que recuerdes, por tus clases de historia, que Estados Unidos tardó en involucrarse en la Segundá Guerra Mundial. Pasamos los primeros años manteniendo una posición neutral. Creíamos que como la guerra era «allá», no afectaba nuestra vida. A la larga se hizo claro que Hitler y los poderes del eje no se detendrían, y que la libertad del mundo entero pendía de un hilo. Cuando los japoneses bombardearon nuestra base naval en Pearl Harbor, la provocación fue la gota que derramó el vaso.

Al fin, Estados Unidos entró en guerra. El Día D, nos unimos con otras fuerzas de los Aliados mientras que ciento cincuenta mil soldados asaltaban las playas de Normandía. Los alemanes habían colocado casi cuatro millones de minas terrestres para proteger la playa de tal invasión. También hicieron llover disparos sobre nuestros hombres. Los sacrificios ese día fueron enormes. Se perdieron miles de vidas. Pero el combate era necesario porque no había otra forma de que venciéramos al mal.

Para ganar la guerra en nuestras mentes debemos combatir porque no hay otra forma en que podamos derrotar al mal. Los días de neutralidad deben terminar.

Hace algunos años, comencé a sentirme atascado. Mis pensamientos estaban fuera de control. Trabajaba en mi sermón para la iglesia, pensando: *El mensaje de la semana pasada no fue lo suficientemente bueno y este tampoco lo será. No tengo lo que se requiere. No soy lo suficientemente bueno. No estoy seguro de poder continuar así. No sé ni por qué viene la gente a esta iglesia.*

Si dedicaba más energía a ser mejor pastor, sentía como si fracasara en mi papel de esposo y padre. Si daba mi mejor esfuerzo por mi familia, seguramente estaba decepcionando a Dios y fallándole a la gente de mi iglesia. Dentro de mi mente, las minas terrestres estaban por doquier y yo esquivando las balas.

Mis pensamientos más fuertes se centraban en mi debilidad y sabía que me estaban llevando a un lugar al que no quería ir.

Finalmente, decidí que ya había tenido suficiente. Debía hacer algo. Era tiempo de ganar la batalla de mi mente.

> « **PARA GANAR LA GUERRA EN NUESTRAS MENTES, DEBEMOS COMBATIR, PORQUE NO HAY OTRA FORMA EN QUE PODAMOS DERROTAR AL MAL.** »

Uno, dos, tres, declaro la guerra del pensamiento.

Por casi dos años, mi mente fue mi prioridad de oración. Leí tantos libros acerca del tema que perdí la cuenta.

También recibí consejería de un psicólogo, y lo conté a amigos confiables y a mentores.

Descubrí y comencé a usar herramientas que me permitieron practicar dos disciplinas: reentrenar mis patrones de pensamiento y reorientar mi trayectoria.

En resumidas cuentas, supe que si ignoraba la batalla por más tiempo, la perdería.

De modo que cambié mi manera de pensar y esa decisión cambió mi vida.

DESTRUCCIÓN DE FORTALEZAS

Las mentiras que creemos y sobre las que basamos nuestra vida son fortalezas. Pablo dijo: «Porque las armas de nuestra contienda no son carnales, sino poderosas en Dios para la destrucción de fortalezas» (2 Corintios 10:4). De modo que necesitamos demoler esas mentiras que nos dañan.

El vocablo fortaleza se traduce de la palabra griega *ochuroma*, que significa «fortificar». En la antigüedad, una fortaleza era un edificio, un fuerte construido en la cima del pico más alto de la ciudad. Esa ciudadela estaba rodeada de una muralla reforzada de hasta seis metros de grosor.

En tiempos de guerra, si la ciudad era atacada, la fortaleza a menudo se veía como inaccesible e impenetrable. Los líderes políticos se ocultaban ahí, para no ser capturados ni asesinados.

Pablo compara las mentiras que creemos con esas fortalezas. Como esas murallas de las fortalezas, nuestras mentiras han sido reforzadas una y otra vez para hacerse más grandes y fuertes. Las hemos creído por tanto tiempo que se han vuelto parte nuestra. Creemos que nuestras murallas nos protegen. Pensamos que son impenetrables. Y, sin embargo, a menudo hacen que la verdad sea inaccesible para nosotros.

Tenemos fortalezas mentales y emocionales, mentiras que nos agarran con fuerza.

Hablé anteriormente de mi creencia de que nunca podía ser suficiente; ni suficientemente bueno, ni listo ni exitoso. Creí que debía probar que era digno. Puede ser que leas esto y pienses: *Pero, Craig, eres pastor. Conoces la Biblia. Dios nos dice que no necesitamos ser suficientes. Jesús fue suficiente por nosotros. Craig, sabes que Dios te ama y eso es todo lo que importa.* Sí, podrías tener razón. Yo sabía eso. Lo enseñaba. Pero muy en mi interior sentía que esa verdad se aplicaba a todos menos a mí.

Conocer esas verdades no era suficiente para penetrar las murallas de mi fortaleza. Mi fortaleza mantenía la verdad inaccesible. Todavía creía la mentira de que yo no era digno y que tenía que probármelo a mí mismo, y esa mentira afectó mi vida como si fuera verdad. Sí, incluso como pastor que enseñaba a otros esa misma verdad.

Salomón nos da un consejo muy sabio para aplicar en esta batalla: «El sabio escala la ciudad de los poderosos y derriba la fortaleza en que confiaban» (Proverbios 21:22).

Si estás en una guerra y atacas una ciudad, asegúrate de derribar la fortaleza. Si no realizas la difícil acción de derribarla, la ciudad se restablecerá por sí misma. Los líderes se ocultan en el interior de las murallas, aún vivos.

De modo que debes derrumbar la fortaleza.

Nuestra palabra demoler se traduce del griego *kathaireo*, que significa «destrucción que requiere una gran potencia». La palabra también significa «degradar con violencia», derribar algo con fuerza bruta, como con una bola de demolición.

Pese a como percibamos nuestra fuerza, tú y yo no tenemos una gran potencia ni una bola demoledora. Pero Dios sí y la ha puesto a nuestra disposición.

Una vez más Pablo nos enseña el concepto: «También pido en oración que entiendan la increíble grandeza del poder de Dios para nosotros, los que creemos en él. Es el mismo gran poder que levantó a Cristo de los muertos» (Efesios 1:19-20, NTV).

¡Es increíble! El mismo poder que levantó a Jesús de los muertos está a disposición tuya y mía.

¡Guau! Asimila esa verdad.

Tienes a tu disposición un poder sobrenatural, resucitador y que mueve piedras, para cambiar tu modo de pensar, transformar tus pensamientos y ganar la guerra. Si el poder de Dios puede llevar a Jesús de la muerte a la vida, entonces cualquier cosa que necesites puede ser hecha para ti también. Esa es la enorme clase de poder que Dios está ofreciéndote. ¿No es eso alentador? Tienes un extraordinario poder a tu favor.

NO TE RINDAS, MIRA HACIA ARRIBA

¿Cuál es tu fortaleza?

¿Qué mentira te mantiene secuestrado?

¿Qué falsa verdad te impide dar un paso de fe?

> « TÚ NO PUEDES DERROTAR AQUELLO QUE NO PUEDES DEFINIR. »

¿Qué patrón erróneo dificulta que tengas una vida de libertad y gozo?

Debes saber esto: no puedes derrotar aquello que no puedes definir. Debes identificar la mentira que se ha convertido en una fortaleza para ti. Debes percatarte del impacto negativo que esto ha tenido en ti y en otros. ¿Puedes ver que te has vuelto prisionero del engaño, capturado por una mentira que tú crees que es verdad? Si vas a cambiar tu vida, debes cambiar tu pensamiento. Derriba tus fortalezas.

Si verdaderamente quieres cambiar de vida, no basta solamente con modificar tu conducta. Aun si cambias tus acciones por un rato, el problema original solo se restablecerá. Por ello el cristianismo nunca se ha tratado de modificación de la conducta; se trata de transformación de la vida.

Todos hemos experimentado esa frustración, ¿no es cierto? Hacemos resoluciones de Año Nuevo o algún compromiso para comenzar o dejar de hacer algo. Perder peso, dejar de fumar, orar más, dejar de gritarles a los hijos. Bueno, por unas semanas parece funcionar, pero luego volvemos a lo que siempre hacemos. ¿Por qué? Porque no llegamos a la raíz del problema: la mentira en la que creemos.

Abordar el problema es atacar la ciudad. Identificar y destruir la mentira es derrumbar la fortaleza. Todo ello es necesario para ganar la guerra.

Para hacer ambas cosas y triunfar, necesitamos el poder de Dios. No podemos tener la victoria sin su fuerza y su apoyo. Tengo buenas noticias que al principio podrían parecer malas. ¿Estás listo?

Tú no tienes lo que se necesita para ganar la guerra. Ni yo.

Lo sabes porque lo has intentado. Has tratado de cambiar tu pensamiento, has intentado modificar tu vida. Has hecho todo lo que has podido, pero siempre terminas de regreso al mismo lugar. Continúas haciendo lo que no quieres y no haces lo que quieres, tal como Pablo. Sigues cayendo y fallando.

Todos los intentos, los fracasos y las caídas pueden llevar a un punto en el que finalmente sintamos que nos rendimos.

¿Cuál es el problema? El poder que necesitas es el que no posees. Confiar en tu propio poder es autoayuda y la autoayuda solo es superficial.

Tienes un enemigo espiritual taimado. Tienes fortalezas reforzadas. Lo que se levanta contra ti es formidable. Luchar con tus propias fuerzas es como atacar a Godzilla con un matamoscas.

Admitir que necesitas un poder que no posees es vital, aunque puede ser difícil. Para mí lo ha sido. Si te han enseñado a ser independiente, autosuficiente y a valerte por tus propios medios, es probable que confesar que no tienes lo que se requiere te parezca una debilidad. Pero no lo es. Se necesita verdadera fuerza para admitir algo como: *No puedo hacer esto por mi cuenta. Necesito un poder mayor del que poseo.*

Una vez, después de una tormenta de nieve, intenté hacer un camino hacia nuestros autos con la pala, para quitar la nieve de nuestra entrada y poder sacarlos. En dos horas de trabajo agotador, había despejado un camino lo suficientemente grande como para que una pequeña ardilla pudiera pasar por él. Cuando mi esposa estaba por llamar al 911 para salvarme de daños permanentes por congelación, un vecino nuestro pasó conduciendo su tractor. Sí, mi vecino conduce un tractor. Vivo en Oklahoma. En cuestión de minutos, debido al poder que poseía, mi servicial vecino había limpiado toda nuestra entrada.

Tendemos a luchar nuestras batallas con el poder de una pala. Pero necesitamos la potencia de un tractor. Necesitamos un poder que no poseemos. Necesitamos pedir y recibir ayuda.

¿Recuerdas la popular definición de locura? Seguir haciendo la misma cosa, esperando resultados diferentes. Si has intentado con todo lo que tienes y no ha funcionado, detente. No sigas haciendo lo mismo. Obtendrás los mismos resultados. Si sientes que tienes que admitir la derrota y dejar de intentar, no hagas eso tampoco. Porque seguirás viviendo de la misma manera.

No te rindas. Mira hacia arriba.

Mira hacia arriba porque tienes un Dios de gracia, generoso, que tiene el poder que necesitas y quiere compartirlo contigo.

Para derribar tus fortalezas es tiempo de que te dirijas a lo alto. Como hijo de Dios tienes acceso a todo lo que pertenece a tu Padre celestial. Así que mira hacia arriba, ve hacia arriba y accede al poder que Dios tiene y que tú necesitas para eliminar las mentiras y reemplazarlas con la verdad. Pídele que te muestre las mentiras que has creído por tanto tiempo. Dile que quieres que tu mente se llene de sus verdades más que de las falsedades del diablo. Y luego agradécele por escucharte.

--- EJERCICIO 2 ---

IDENTIFICA LAS MENTIRAS QUE CREES

EN EL PRIMER EJERCICIO HICISTE UN INVENTARIO SINCERO y examinaste la forma en que acostumbras a pensar con regularidad. En este ejercicio vamos a profundizar más y a ser más específicos. Quiero repetir una sección crucial de este capítulo que necesita conectarse con el ejercicio.

¿Qué mentira te mantiene secuestrado?

¿Qué falsa verdad te impide dar un paso de fe?

¿Qué patrón erróneo dificulta que tengas una vida de libertad y gozo?

Debes saber esto: no puedes derrotar aquello que no puedes definir. Debes identificar la mentira que se ha convertido en una fortaleza para ti. Debes percatarte del impacto negativo que esto ha tenido en ti y en otros.

Usa estas preguntas para que tus pensamientos se disparen; ahora es el tiempo de definir las mentiras que has estado creyendo, de identificar las fortalezas en tu vida y enfrentar su impacto negativo.

Libérate de todas las distracciones, enfócate en identificar las mentiras específicas que crees. Te he dado muchos ejemplos de mentiras que yo he creído y que he tenido que abordar, tanto viejas como nuevas. Haz tus declaraciones personales y directas, como: «Creo que no soy lo suficientemente bueno». Exprésalas. Escríbelas.

Mis mentiras:

CAPÍTULO 3

VIEJAS MENTIRAS, NUEVA VERDAD

SI VAMOS A DEMOLER NUESTRAS FORTALEZAS, DEBEMOS reconocer el poder que esas mentiras tienen sobre nosotros. Piénsalo de esta forma.

Hay un gran perro greñudo y torpe, llamémoslo Max, que no saldrá del jardín. Un auto pasa. A Max le encanta perseguir autos. La idea de atrapar uno por el parachoques y vencer a la bestia hasta someterla lo hace babear. Max tiene muchas ganas de perseguirlo, pero se queda sentado en el patio.

Entonces dos niños comienzan a jugar a la pelota en la calle. La bola rueda justo hasta la orilla del jardín de Max. Este, desesperadamente, quiere atrapar la bola y huir de los niños. Pero no lo hace. Uno de ellos se burla del perro. «¿Qué pasa, Max? ¿Te da miedo la bola?». Max quiere morder al mocoso, pero su torturador está afuera del jardín.

Un gato camina por la calle. Max no puede imaginarse el descaro del felino. Él sabe que los gatos son malvados y que están en esta tierra solo para hacer la obra del diablo. Max quiere atacarlo, desatar una tormenta de violencia sobre la vida de ese felino. Pero no puede.

¿Por qué?

Una cerca eléctrica invisible delimita el perímetro de su patio. Este tipo de cerca crea un pequeño rayo invisible, y cuando un perro incauto cruza la línea... ¡zap! ...se lleva una pequeña descarga de electricidad. La primera vez el perro se confunde. Trata de salir del jardín nuevamente... ¡zap! Otro pequeño y doloroso aguijón. Si el perro es obstinado, o simplemente tonto, puede intentar una tercera vez. Después de eso, ha aprendido su lección. Sabe que nunca podrá volver a salir del patio.

Los dueños de Max tienen una cerca eléctrica invisible.

En realidad, los dueños de Max tenían una cerca eléctrica. Compraron una, la instalaron y la activaron. Max recibió varias descargas. Pero un niño que intentó entrar a su jardín a recuperar un *frisbee* perdido, también recibió varias descargas. Los padres del chico se quejaron y los dueños de Max decidieron regresar la cerca eléctrica a la tienda.

Varios años han pasado desde que pusieron la cerca. Incluso ahora, Max no saldrá del jardín. ¿Por qué? Porque piensa que no puede. Cree que no puede. En su mente es un prisionero, perdiéndose la vida que quiere tener. Relaciona la vida fuera del perímetro de su jardín con el dolor. El lugar mágico donde se pueden atrapar autos, robar pelotas y donde la malvada misión de los gatos puede ser frustrada simplemente está fuera de alcance. No tiene idea de que lo único que lo mantiene limitado es una mentira que cree.

Seguro te ríes, pero ¿es posible que seas más semejante a Max de lo que crees?

¿Eres también un prisionero que se está perdiendo la vida que quiere, pero que cree que nunca puede tener? Anhelas relaciones cercanas, pero estás paralizado por el temor al rechazo. Quieres intentar algo nuevo, pero supones que estás destinado a fallar. Anhelas estar libre de deudas y dar generosamente, pero sientes que es un hecho que nunca podrás alcanzar. Sueñas con perder peso y ejercitarte, pero te sientes resignado a fallar otra vez.

Quieres cambiar, pero piensas que no puedes.

¿Por qué?

Porque estás restringido por una mentira, algo que no existe. El enemigo ha arreglado suficientes circunstancias dolorosas, en puntos clave de tu vida, en las que has recibido tantas descargas (un poco de *shock*, un aguijón doloroso en tu corazón) que has decidido que intentar una vez más no vale la pena. Lo que lo empeora es que la cantidad de áreas en las que has dejado de intentarlo sigue creciendo.

Como hemos dicho, la mayor arma del arsenal de Satanás es la mentira. Quizá esa sea su única arma. En el primer vislumbre que tenemos del diablo en la Biblia lo vemos engañando a Adán y a Eva en el huerto. Sembró duda en la mente de Eva al preguntarle:

«¿Conque Dios les ha dicho: "No comerán de ningún árbol del huerto"?». La mujer respondió a la serpiente: «Del fruto de los árboles del huerto podemos comer; pero del fruto del árbol que está en medio del huerto, Dios ha dicho: "No comerán de él, ni lo tocarán, para que no mueran"». Y la serpiente dijo a la mujer: «Ciertamente no morirán. Pues Dios sabe que el día que de él coman, se les abrirán los ojos y ustedes serán como Dios, conociendo el bien y el mal».

—GÉNESIS 3:1-5

Lo que Satanás hizo en el huerto en ese tiempo es exactamente lo mismo que intentará hacer en tu vida hoy.

En 2 Corintios 11:3, nuestro profesor en la materia del pensamiento, Pablo, dijo: «Pero temo que, así como la serpiente con su astucia engañó a Eva, las mentes de ustedes sean desviadas de la sencillez y pureza *de la devoción* a Cristo». Satanás susurrará preguntas acusadoras y declaraciones engañosas. Él planea torcer tu mente, porque si puede, va a:

- desviarte de tu propósito,
- distraerte para que no escuches la voz de Dios,
- destruir tu potencial.

Si puede hacerte creer una mentira, tu vida será afectada como si esa mentira fuera verdad.

Por desdicha, las mentiras de Satanás son fáciles de creer. ¿Por qué? En parte porque debido al pecado, tenemos un detector de mentiras interno defectuoso. Dios nos advirtió:

- «Más engañoso que todo es el corazón, y sin remedio; ¿Quién lo comprenderá?». (Jeremías 17:9)
- «Hay camino que al hombre le *parece* derecho, pero al final, es camino de muerte». (Proverbios 14:12)

Ese definitivamente es el problema, así que ¿cuál es nuestra solución? ¿Cómo accedemos al poder de Dios para detener las mentiras de Satanás? ¿Cómo podemos derribar nuestras fortalezas en la vida?

Si el arma primaria de Satanás es la mentira, entonces nuestra mayor arma de contraataque es la verdad de la Palabra de Dios. No solo leer la Biblia, sino también aprender a esgrimir las Escrituras como un arma divina. Dios quiere que veamos su Palabra de esa forma. Mira como Hebreos 4:12 ofrece una solución directa para la advertencia de Jeremías 17:9: «Porque la palabra de Dios es viva y eficaz, y más cortante que cualquier espada de dos filos. Penetra hasta la división del alma y del espíritu, de las coyunturas y los tuétanos, y *es poderosa* para discernir los pensamientos y las intenciones del corazón».

En Efesios 6:17, el legendario pasaje de Pablo acerca de la armadura de Dios, a la Palabra de Dios se le llama «la espada del Espíritu». La Palabra de Dios fue la primera arma que aprendí a usar para eliminar las mentiras y reemplazarlas con la verdad, para cambiar tanto mis pensamientos como mi vida. «No os conforméis a este siglo, sino transformaos por medio de la renovación de vuestro entendimiento, para que comprobéis cuál sea la buena voluntad de Dios, agradable y perfecta» (Romanos 12:2, RVR1960).

La segunda mitad de ese enunciado quiere decir que no es algo que hagamos, sino algo que nos es hecho. Las buenas noticias son que Dios está listo para renovar nuestra mente al llevarnos «al

> « SI EL ARMA PRIMARIA DE SATANÁS SON LAS MENTIRAS, ENTONCES NUESTRA MAYOR ARMA DE CONTRAATAQUE ES LA VERDAD DE LA PALABRA DE DIOS. »

pleno conocimiento de la verdad» (2 Timoteo 2:25). ¿Por qué? Para que «volviendo en sí, *escapen* del lazo del diablo, habiendo estado cautivos de él para *hacer* su voluntad» (v. 26). «Entonces», como Jesús dijo, «conocerán la verdad, y la verdad los hará libres» (Juan 8:32).

CAMBIA LA PERSPECTIVA

Hemos sido cautivos de las mentiras que creemos, de modo que ahora vamos a cautivar esas mentiras. Cautivarlas no es fácil, porque primero debemos descubrirlas. ¿Cómo? Aquí está nuestro proceso de tres pasos:

1. Identifica el problema.
2. Haz preguntas penetrantes.
3. Señala la mentira.

Este proceso puede funcionar porque, aunque tú no sepas que las mentiras que crees son mentiras, sí sabes que los problemas que experimentas son problemas. Estos son más fáciles de identificar, de modo que, si estás dispuesto a hacer algunas preguntas penetrantes, serás capaz de señalar las mentiras que te mantienen cautivo.

Te mostraré cómo funciona con algunos ejemplos.

Digamos que tu problema es una enorme deuda. Constantemente estás comprando lo nuevo y lo «más mejor» (Sí, ya sé que «más mejor» es incorrecto). Gozas de vacaciones caras. Compras un auto envidiable. Luces el último teléfono. Te bebes el café de moda. Compras ropa de hipermoda. ¿Y los zapatos?

¡Tienes un par distinto para cada día del mes! Sigues comprando más, hundiéndote financieramente.

Has identificado un problema. Ahora hazte preguntas penetrantes como:

- ¿Por qué estoy haciendo esto?
- ¿Cuándo comenzó?
- ¿Cómo me hace sentir esto?
- ¿Me impulsa el miedo?
- Si es así, ¿de qué tengo temor?
- ¿Hay cierto detonante que desencadena esta conducta?
- Si es así, ¿por qué a menudo gasto tan compulsivamente?

Mientras te haces estas preguntas penetrantes, ora pidiendo la ayuda de Dios para identificar la mentira que yace en la raíz de tu conducta. Quizá recuerdas que creciste pobre y tus padres siempre se quejaban por lo que no tenían. Eso le dio al diablo una oportunidad para engañarte con el fin de que creyeras la mentira. «Si solo tuviera cosas mejores, encajaría» o «Si tuviera más, podría ser feliz». Comprar más, lo más nuevo, lo supermejor (tampoco existe esa palabra) no te hará más feliz. No obstante, sigues gastando, porque una mentira creída como verdad afectará tu vida como si lo fuera.

Quizá el problema que identificas es un hábito o adicción autodestructiva. Tal vez a menudo te sientas e ingieres medio galón de helado. Llegas a casa del trabajo cada día e inmediatamente te sirves una bebida. No te puedes relajar sin la ayuda de píldoras. O sigues recurriendo a las relaciones tóxicas.

Ese es el problema; ahora hagamos preguntas penetrantes.

- ¿Qué es lo que impulsa mi conducta?
- ¿Qué necesidad siento que satisface?
- Cuando hago esto ¿me ayuda a entender por qué lo hago?
- ¿Cuál es la diferencia entre este hábito y otros que he sido capaz de abandonar?

Las preguntas pueden llevarte a la conclusión de que la sustancia que usas (¿el helado de chocolate es una sustancia?) te ayuda a aliviar el estrés y te da un sentimiento temporal de paz. Posiblemente te des cuenta de que algo está proporcionando una ráfaga momentánea de endorfina que nunca termina bien.

Lo primero que piensas puede ser: *¿Qué tiene eso de malo?* Pero supongo que ya lo sabes. Dios promete ser nuestro refugio, el único que nos da descanso, nuestro proveedor de paz. De modo que, ¿quién pudo haber puesto en tu cabeza la idea de que Dios no puede hacer lo que promete y que necesitas volverte hacia algo más que no sea él?

> « DIOS PROMETE SER NUESTRO REFUGIO, EL QUE NOS DA DESCANSO, NUESTRO PROVEEDOR DE PAZ. »

Supongamos que tus preguntas te llevan a detectar un tema en tu vida: parece que te saboteas a ti mismo. Permites que la gente te pase por encima. No obtienes ese ascenso. Ni siquiera lo solicitas, porque crees que esa clase de cosas jamás te sucederán. Te encantaría tener a alguien especial con quien compartir tu vida, pero en este momento ni siquiera lo estás buscando, porque estás seguro de que no encontrarás a nadie semejante o que, si lo haces, te rechazará.

¿Por qué? Examina tus sentimientos.

Investiga el patrón de autosabotaje y quizá tengas una epifanía. *Creo que soy una víctima. Creo que nunca ganaré.*

Tal vez el problema es que te preocupas constantemente. Siempre estás intentando planificar todos los detalles de tu futuro porque no puedes soportar desconocer el plan.

Quédate a solas, apaga el teléfono, ora pidiendo ayuda para ser franco contigo mismo, y hazte preguntas penetrantes como:

- ¿Cuándo comenzó esto?
- ¿Por qué me siento así?
- ¿Por qué insisto en tener el control cuando sé, en lo profundo, que no lo tengo?
- ¿Cuál es la necesidad real que estoy tratando de satisfacer con este pensamiento equivocado?

Luego identifica la mentira. Puede que creas realmente que no se puede confiar en Dios. Que necesitas controlar porque es tu mejor opción para conseguir la vida que deseas. Te percatas de que más que rodearte de Dios, estás intentando manipularlo para que sirva a tus propios propósitos.

¿Ves cómo funciona?

Permíteme mostrarte cómo se ha desarrollado esto en mi vida.

Crecí siendo un triunfador. No debido a que fuera talentoso, sino porque trabajaba hasta el cansancio intentando ocultar mis déficits y compensar mis debilidades. Creía que si trabajaba más arduamente que cualquier otro, podía de alguna manera probar mi mérito y mi valor.

Entré al ministerio a tiempo completo como un joven casado de veintitrés años. También fui estudiante a tiempo completo en el seminario.

Mi esposa y yo comenzamos a multiplicarnos como conejos. Yo trabajaba sin parar. Pasaba meses sin tomar un solo día libre. Cada día, era el primero en llegar al trabajo y el último en irme. Pasé veinte años sin tomar unas verdaderas vacaciones.

Por largo tiempo creí que mi ética laboral era una forma de vida que honraba a Dios. Una tarde, estaba trabajando tarde en la oficina otra vez. Mi hija Catie llamó. Le prometí que estaría pronto en casa para jugar con ella. Catie replicó con tristeza: «Papi, tú no vives en la casa. Vives en la oficina».

Tan pronto como escuché su inocente pero franca declaración, el tiempo se detuvo. Fue difícil respirar. Dios llamó mi atención a través de mi pequeña hija. Estaba poniendo en riesgo todo lo que en verdad importa. Me di cuenta de que tenía un problema y que tenía que cambiar.

Cuando se identifica un problema, ¿qué se hace? Se hacen preguntas penetrantes.

Así que hice eso. Pregunté. Oré. Busqué la ayuda de un terapeuta.

A la larga, localicé la mentira: creía que mi valor se basaba en lo que los otros pensaban de mí. El problema era que me había convertido en una persona complaciente.

Creí una mentira y afectó mi vida como si fuera verdad.

¿Alguno de estos ejemplos encendió alguna alarma en ti?

¿Es tiempo de que identifiques un problema?

¿De hacerte algunas preguntas penetrantes?

¿De localizar una mentira? ¿Tal vez unas cuantas?

Recuerda, estás en una batalla. La batalla es por tu mente. Toda tu vida, Satanás ha intentado hacerte morder el anzuelo para seducirte con mentiras que te atraparán y aprisionarán. Ya es tiempo de pasar a la ofensiva. Tiempo de obtener la ayuda de Dios para atrapar la mentira.

SOLO LA VERDAD PUEDE HACERTE LIBRE

La batalla en la que estamos es particularmente insidiosa porque es invisible. No podemos ver a nuestro enemigo. No nos damos cuenta de que es él quien nos está llevando a creer las mentiras (las que probablemente ni siquiera reconocemos como tales). Pero hubo una vez en la historia cuando esta batalla no era invisible, y eso nos proporciona pistas claras acerca de cómo hacer uso del enorme poder de Dios para derribar las fortalezas ocupadas por el enemigo.

En Mateo 4 leemos acerca de Jesús, después de su bautismo, mientras se dirige al desierto, en donde ayuna cuarenta días y cuarenta noches. En ese momento Satanás viene a Jesús para tentarlo.

Como sabía que Jesús debía tener hambre, Satanás le dijo que convirtiera las piedras en pan. Tal como lo hizo con Adán y Eva, estaba intentando provocar que Jesús hiciera algo que no era parte del plan de Dios para su vida. (Eso también es lo que Satanás hace contigo). Jesús respondió: «Escrito está: "No solo de pan vivirá el hombre, sino de toda palabra que sale de la boca de Dios"» (Mateo 4:4), citando Deuteronomio 8:3.

Satanás se dio cuenta de que su primer plan había fallado, así que atacó a Jesús desde un ángulo diferente. (Eso también es exactamente lo que Satanás hace contigo). El mismo método, un nuevo intento.

El diablo llevó a Jesús al punto más alto del templo en Jerusalén y lo desafió a lanzarse. Satanás decidió que dos pueden jugar el mismo juego, así que citó el salmo 91: «Si eres Hijo de Dios, lánzate abajo, pues escrito está: "A SUS ÁNGELES TE ENCOMENDARÁ", y: "EN LAS MANOS TE LLEVARÁN, NO SEA QUE TU PIE TROPIECE EN PIEDRA"» (Mateo 4:6). (Sí, Satanás también conoce la Biblia). Quería tentar a Jesús para que probara que verdaderamente era el Hijo de Dios al intentar forzar a Dios a mostrar evidencia de su amor y cuidado.

Jesús mantuvo el control y simplemente respondió: «También está escrito: "NO TENTARÁS AL SEÑOR TU DIOS"» (Mateo 4:7), citando Deuteronomio 6:16.

Eso tampoco funcionó, así que Satanás intentó una forma distinta de penetrar en el pensamiento de Jesús. (Insisto, eso es exactamente lo que Satanás hace contigo). Llevó a Jesús a una montaña alta, le mostró todos los reinos del mundo, y le ofreció darle todo si solo se postraba y lo adoraba.

Jesús ya había tenido suficiente y ordenó: «¡Vete, Satanás! Porque escrito está: "AL SEÑOR TU DIOS ADORARÁS, Y SOLO A ÉL SERVIRÁS"» (Mateo 4:10).

¿No deberíamos adoptar el mismo enfoque que Jesús?

Vayamos «poniendo todo pensamiento en cautiverio a la obediencia de Cristo» (2 Corintios 10:5) al usar nuestro proceso para localizar la mentira y reemplazarla con la verdad que nos hace libres.

Tres veces, en tres ejemplos y tentaciones separados, Jesús expuso la mentira de Satanás y se comprometió con la verdad de la Palabra de Dios que había estado memorizando desde que era un chico judío.

La primera herramienta que aprendí que renovó mi mente y transformó mi vida fue el principio del reemplazo: quitar las mentiras y reemplazarlas con la verdad. Una vez que sujetes esta herramienta, esta arma, puedes comenzar a usarla regularmente para cambiar tu mente y tu vida.

El claro ejemplo de Jesús, detallado para nosotros en Mateo 4, explica por qué es esencial que conozcamos la Biblia. Como seguidores de Cristo, priorizamos la lectura de la Biblia, escuchar sus enseñanzas, unirnos a estudios bíblicos y poner la Palabra de Dios en nuestro corazón para que podamos blandir la espada contra las mentiras del enemigo.

Veamos cómo puede funcionar esto con el ejemplo que consideramos anteriormente.

Has identificado el problema de gastar de más. Te hiciste preguntas penetrantes que te llevaron a exponer la mentira que creíste: «Si tuviera más, podría ser feliz».

El siguiente paso es reemplazar esa mentira con la verdad de Dios. «Sé vivir en pobreza, y sé vivir en prosperidad. En todo y por todo he aprendido el secreto tanto de estar saciado como *de* tener hambre, de tener abundancia como de sufrir necesidad. Todo lo puedo en Cristo que me fortalece» (Filipenses 4:12,13).

Ahora escribe esta verdad bíblica en una declaración propia: «Puedo estar contento a pesar de mis circunstancias —en abundancia o en necesidad— porque no importa lo que no tenga, sé que tengo a Jesús. Eso significa que puedo regocijarme "en el Señor siempre"» (Filipenses 4:4).

El problema que te acosa es un hábito autodestructivo: helado, alcohol, píldoras, malas relaciones. Capturaste la mentira: crees que necesitas cualquier cosa para ayudar a aliviar el estrés y darte paz.

¿Cuál es la verdad? Jesús dijo: «Vengan a Mí, todos los que están cansados y cargados, y Yo los haré descansar. Tomen Mi yugo sobre ustedes y aprendan de Mí, que Yo soy manso y humilde de corazón, Y HALLARÁN DESCANSO PARA SUS ALMAS. Porque Mi yugo es fácil y Mi carga ligera» (Mateo 11:28-30).

Tu declaración: «Necesito ayuda; necesito la ayuda de Dios. Porque lo que estoy usando puede adormecer mi problema y no me ayuda». Dios me dice que acuda a él cuando estoy cansado, cargado o agobiado. Me dice: «Echando toda su ansiedad sobre Él, porque Él tiene cuidado de ustedes» (1 Pedro 5:7), y promete ser «nuestro refugio y fortaleza, *Nuestro* pronto auxilio en las tribulaciones» (Salmos 46:1).

Ahora ya comprendes el patrón, pero aquí hay un par más en una plantilla concisa:

Mentira: «Soy víctima; a mí nunca me sucede nada bueno».

Verdad: «Si Dios *está* por nosotros, ¿quién *estará* contra nosotros?[...] Pero en todas estas cosas somos más que vencedores por medio de Aquel que nos amó» (Romanos 8:31,37).

Declaración: «Dios me dice que no soy víctima, sino victorioso en Cristo. Soy vencedor y "Todo lo puedo en Cristo que me fortalece"» (Filipenses 4:13).

Mentira: «Realmente no se puede confiar en Dios. Necesito controlar mi vida».

Verdad: «Pero Dios demuestra su amor para con nosotros, en que siendo aún pecadores, Cristo murió por nosotros» (Romanos 5:8).

Declaración: «Dios me ama más de lo que yo me amo. Me conoce mejor de lo que yo me conozco. Tiene en mente lo mejor para mí y es confiable. Si "no negó ni a Su propio Hijo, sino que lo entregó por todos nosotros, ¿cómo no nos dará también junto con Él todas las cosas?"» (Romanos 8:32).

¿Te das cuenta cómo funciona esta herramienta «transforma vidas»?

Quita la mentira. Reemplázala con la verdad.

Te mostraré cómo me funcionó a mí, usando mi confesión en cuanto a trabajar demasiado.

Por años, me destaqué y me extralimitaba en formas poco saludables, pensando en mí simplemente como un trabajador dedicado. Al final, me di cuenta de que lo que me impulsaba no era mi ética laboral, sino más bien una necesidad desesperada de ganar la aprobación de otras personas. Equivocadamente creí que mi valor se basaba en lo que otras personas pensaban de mí. Tuve que reemplazar esa mentira con la verdad.

La verdad, no solo para mí sino para ti, es que nuestro valor no se basa en lo que hacemos, sino en el que nos hizo (Salmos 139:13-16). Por eso, cuadros que para mí son torpes valen millones de dólares. Porque si fueron pintados por Pablo Picasso, el valor es de cientos de miles o millones de dólares. Así que, si Dios me hizo, tengo un valor tremendo, incluso si no tengo la aprobación de otras personas.

La verdad, insisto, no tan solo para mí sino para ti, es que nuestro valor no se basa en cómo nos sentimos con nosotros mismos, sino en lo que alguien más pagará por nosotros (1 Pedro 1:18,19). Por eso un Lamborghini que pudiera no impresionarte, en realidad, vale trescientos mil dólares. Si alguien está dispuesto a pagar esa cantidad, eso es lo que vale. Y si Dios pagó el precio de su

Hijo por mí, tengo un valor infinito a pesar de lo que otros piensen de mí.

Así que ahora, cada vez que pienso que necesito impresionar a la gente, llevo ese pensamiento cautivo y lo hago obediente a Cristo. El tiempo verbal de «llevar cautivo» en el idioma original de la Biblia implica una acción repetida y continua. No es algo que se hace una vez. Es algo que harás miles de veces en tu vida, tal vez docenas de veces al día. La definición de un principio es una decisión que haces una vez y por la cual te conduces.

> « LA VERDAD, NO SOLO PARA MÍ SINO PARA TI, ES QUE NUESTRO VALOR NO SE BASA EN LO QUE HACEMOS, SINO EN EL QUE NOS HIZO (SALMOS 139:13-16) »

Créeme, no estoy diciendo que este proceso sea fácil. Todavía soy tentado a creer mentiras y sospecho que tú también lo serás. ¡Pero estas batallas entre nuestras mentiras y la verdad de Dios son dignas de pelearse! Porque librar una guerra de la manera en la que te he estado entrenando en estas páginas es lo que cambiará tu mente, redimirá tu pensamiento y, finalmente, revolucionará tu vida.

—— EJERCICIO 3 ——

DECLARA LA VERDAD

ESTE EJERCICIO SE BASA EN TU TRABAJO DEL EJERCICIO 2.
Recuerda y usa las mentiras que escribiste para esta sesión. La
meta es tomar lo que Dios te está revelando y construir herramientas útiles para usar en tu vida.

En este ejercicio quiero darte el lugar y el espacio para que
trabajes en tus mentiras, verdades y declaraciones. En este capítulo, revisamos varios ejemplos en detalle. Ahora es tiempo de
que trabajes por tu cuenta. Para que la verdad que hay en este
libro realmente cambie tu vida, debes invertir en el trabajo personal que yo tuve que hacer en esos años pasados y que todavía
hago. Lo último que tú o yo queremos es que después de que
termines el libro tu vida se vea igual a como se veía cuando
comenzaste.

Hurga, ve a lo profundo y permite que Dios te muestre su
verdad en su Palabra. Necesitarás hallar verdades en la Biblia que
puedas usar como tus verdades personales para reemplazar las
mentiras que estás creyendo.

Unas palabras de ánimo finales: cualquier cosa que cambies
en tu vida puede afectar a generaciones futuras y alterar el curso
de tu descendencia familiar con Cristo.

Mentira:

Verdad:

Declaración:

Mentira:

Verdad:

Declaración:

Mentira:

Verdad:

Declaración:

Mentira:

Verdad:

Declaración:

EL PRINCIPIO DE LA RECONEXIÓN

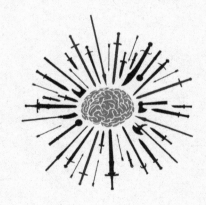

Reconecta tu cerebro, renueva tu mente

Y no se adapten a este mundo, sino transfórmense mediante la renovación de su mente, para que verifiquen cuál es la voluntad de Dios: lo que es bueno y aceptable y perfecto.

—ROMANOS 12:2

CAPÍTULO 4

CABLES CRUZADOS Y
SURCOS CIRCULARES

MI PRIMER AUTOMÓVIL NO FUE EL BUICK CENTURY 1979
básico sino el mejorado, el modelo que tenía un *spoiler* o alerón
en la parte posterior. Y alerta de *spoiler*: ¡El Buick de tu abuelo no
tenía alerón!

¿De qué color?, pregúntame. Vamos, ¿qué color de automóvil crees tú que alguien con mi desenfrenada popularidad podría
tener? Marrón café. Sí, mi auto era de un feo color café. Sí, incluso
el alerón.

¡Pero espera! ¿Ya mencioné las águilas? ¡Mi Buick Century
tenía una calcomanía con un águila a cada lado, en los paneles
delanteros, sobre los neumáticos! Esas majestuosas águilas des-
cendían en vuelo, con las garras hacia fuera, listas para agarrar
una rama de árbol y proclamar libertad para todos. Y yo estaba
listo para sorprender a las damas mientras circulaba por el estacionamiento de la escuela.

Había un único problema. No, no era mi greñudo corte de cabello ochentero, corto por delante y largo por detrás, ni mis cejas unidas. El problema era el modelo de fábrica del sistema de estéreo que Buick había instalado en el automóvil. No obstante, en realidad no podía culparlos. Buick no tenía idea de que yo, alguien tan agradable como Don Johnson en *Miami Vice*, con los movimientos de baile de Patrick Swayze, y el puro magnetismo animal de Maverick en *Top Gun*, conduciría su auto en 1986. Pero lo hice. Así que tuve que mejorar mi habilidad para conducir por la calle con una potencia de *rock* más contundente.

Conseguí el sistema de estéreo Alpine usado más asombroso que pude encontrar. ¡*Sí*! Finalmente, ya podía hacer retumbar algo del grupo musical REO Speedwagon, algo de Van Halen, algo del baterista que tiene un solo brazo de la banda Def Leppard. Ya podía escuchar a mis bandas favoritas con un sonido totalmente envolvente, supersónico, «*te rockearemos*», «*hazme sangrar los oídos*», «*rockea tu cara*», «*no puedo conducir a cincuenta y cinco*», «*construimos esta ciudad con rock and roll*», cuadrafónico de supergraves.*

Solo que había un problema. Gastar todo mi dinero construyendo el sistema de estéreo significaba que no podía costear una instalación profesional. No, no era problema; ¡yo podía instalarlo! ¿Qué tan difícil podía ser? Pero yo era y sigo siendo limitado en mi uso de la tecnología. Apenas puedo instalar un trozo de pan en una tostadora. Instalar mi estéreo en esos días anteriores a los videos de YouTube para aprender cómo hacer cualquier cosa fue una pesadilla. Después de trabajar en la instalación todo el

---

* Nota del traductor: Con esas frases, el autor hace referencia a canciones populares del *rock* pop de la década del 80.

día, aún no podía lograr que la cosa funcionara. Finalmente, al atardecer, con las águilas de mi auto planeando bajo la luna en la oscuridad de la noche, ¡puse a funcionar mi estéreo Alpine! Mientras el sol descendía, el volumen subía. ¡Alabado sea Dios, de quien provienen todas las bendiciones, por poner el *rock* en mi recorrido!

Pero la siguiente mañana, la tragedia me golpeó. Cuando encendí mi auto y oprimí el botón para encender mi Alpine, esperaba escuchar una versión perfectamente ecualizada de The Police cantando el himno del acosador, *Every breath you take*. Pero nada ocurrió. Mi estéreo moderadamente usado, autoinstalado, no funcionó. Oprimí el botón nuevamente. Lo oprimí más fuerte. Nada. *¡¿Por qué?!*

No pude hacer que funcionara en todo el día. Luego, mágicamente, esa noche comenzó a funcionar otra vez. La siguiente mañana, muerto. Esa noche, misteriosamente regresó a la vida. Día tras día, lo mismo. Durante el día, nada. Cada noche, perfecto.

Descubrí el patrón, pero no podía hallar el problema. Algunos de ustedes, que son más listos de lo que yo era en 1986 han diagnosticado el problema, ¿les parece?

¿Por qué mi estéreo trabajaba únicamente de noche?

Bueno, ¿qué aparato eléctrico sueles encender de noche en tu auto? ¡Bingo!

Había cruzado los cables.

En vez de cablear mi estéreo del auto a la fuente correcta de poder, lo había cableado con los faros delanteros. Podía hacer sonar mis canciones únicamente con las luces encendidas. Así que por el resto de la vida de mi Buick Century 1979 (con un alerón,

¿ya mencioné el alerón?), yo era el tipo que conducía a las dos de la tarde con los faros encendidos para poder escuchar a Bon Jovi. Tristemente, no «vivía de una oración».* Estaba viviendo del poder de mis faros delanteros.

¿Por qué parece que nuestra vida no funciona cuando necesitamos que lo haga?

¿Por qué carecemos del poder para vivir de la forma que deseamos?

¿Por qué a menudo tomamos tantas decisiones irracionales y contraproducentes?

¿Por qué nos esforzamos tanto en cambiar pero terminamos haciendo las cosas que detestamos?

Es que tenemos los cables cruzados.

Has visto esto en ti, ¿no es así? Es decir, por qué tú...

- ¿Te comprometes a dejar de discutir con tu cónyuge y luego sigues discutiendo con él o ella?
- ¿Te preocupas sin parar, aunque sabes que es una pérdida de tiempo y eso te enferma?
- ¿Exageras para impresionar a otros, incluso a pesar de que esa no es la clase de persona que quieres ser?
- ¿Te pones como loco porque tu estado de cuenta de las tarjetas de crédito es muy alto, pero continúas haciendo compras innecesarias?
- ¿Te la pasas mirando el teléfono por horas en lugar de hablar con tu cónyuge e hijos, que están sentados a solo unos centímetros de distancia?

* Nota del traductor: El autor usa como juego de palabras el nombre de la canción *Living on a prayer* de la banda norteamericana de *rock* Bon Jovi.

- ¿Decides que vas a perder peso y luego te encuentras agarrando un refresco y una barra de caramelo cuando te detienes a cargar combustible?

Tienes los cables cruzados. Todos los tenemos.

La razón por la que tomamos esas malas decisiones se debe a cómo funciona nuestro cerebro. Así que necesitamos una solución que funcione con la manera en que pensamos. Debemos no únicamente reconocer los patrones dañinos, sino también descubrir el problema subyacente. Detén el auto, arrástrate debajo del tablero y encuentra qué es lo que está mal.

Si queremos ganar la guerra en nuestra mente, debemos estar dispuestos a renovar el cableado de nuestros patrones de pensamiento, volver a cablear nuestro cerebro.

ATRAPADO EN UN SURCO

En Alaska únicamente hay dos estaciones: invierno y julio. Cuando el clima se calienta en el verano, la nieve se derrite y los caminos de tierra se vuelven fangosos. Los automóviles conducen sobre ellos, creando largos surcos. Hay un letrero a lo largo de uno de los caminos de Alaska que dice: «Elija cuidadosamente su surco, estará en él durante los siguientes cien kilómetros».

« SI QUEREMOS GANAR LA GUERRA EN NUESTRA MENTE, DEBEMOS ESTAR DISPUESTOS A RENOVAR EL CABLEADO DE NUESTROS PATRONES DE PENSAMIENTO, VOLVER A CABLEAR NUESTRO CEREBRO. »

Todos sabemos qué se siente estar en un surco. Pensar lo mismo, hacer las mismas cosas, experimentar los mismos problemas. Es como si estuviéramos irremediablemente atrinche-rados en un fangoso y escarpado camino lejano.

Y cuando el surco se hace más profundo, cuando los neumáticos están totalmente dentro, puedes soltar el volante y el vehículo seguirá avanzando por el camino. Atorado en una dirección sin opciones de salir, hasta que el surco termine.

Así que hablemos de cómo funciona nuestro cerebro.

Cada pensamiento que tienes produce un cambio neuroquímico en tu mente. Tu cerebro se rediseña literalmente en torno a ese pensamiento.

El cerebro es un centro de mando que dirige las partes de tu cuerpo a través de las neuronas. Las neuronas se enlazan para crear mensajes. Los mismos mensajes enviados muchas veces crearán una vía neuronal. La presencia de una vía neuronal hace que producir un pensamiento sea más sencillo y facilita que tu cuerpo envíe ese mismo mensaje otra vez.

Considera las vías neuronales como surcos en tu cerebro.

Ahora, ¿cómo se crean los surcos? Permíteme que te hable de un lindo perro *collie* llamado Bandido que tuve una vez.

Ah, ¿quieres saber el color de Bandido? Vamos, ¿qué color de perro crees tú que alguien con mi popularidad podría tener? Marrón café. Sí, mi perro era del mismo color que mi Buick Century 1979 (mejorado con alerón, calcomanías de águilas y un estéreo exclusivamente nocturno... el auto, no mi perro).

Bandido tenía un gran jardín para correr pero, por alguna razón, siempre corría en círculos en el mismo camino. Ese hábito mató el césped en su ruta repetida y precisa, y a la larga, creó un surco circular que hacía que pareciera que una nave espacial alienígena hubiera aterrizado en nuestro jardín.

De forma similar, los pensamientos repetidos crean caminos en nuestro cerebro. Insisto, las vías neuronales son como surcos cerebrales.

Estos surcos a menudo son profundamente cavados por el haz de nervios que yace en la base del tallo cerebral conocido como el sistema de activación reticular (SAR). El SAR filtra los millones de datos sensoriales que llegan a nuestro cerebro y los agrupa de acuerdo con su relevancia y similitud. Si la información va a mantenernos vivos, prevendrá problemas, evitará el peligro o nos proporcionará placer, el SAR se activa. Es el sistema de tu cerebro para filtrar toda la información de tu vida y que te permite enfocarte en lo que es más importante e ignorar el resto.

Nuestro SAR también utiliza nuestras creencias establecidas para filtrar la información entrante. Eso, en parte, es la razón por la que a menudo obtenemos lo que esperamos. Si continúas pensando que eres una víctima que nunca tiene un empleo estable o relaciones duraderas, estás entrenando a tu cerebro a buscar evidencia que apoye esa creencia y a filtrar la evidencia que no lo haga. Condicionas a tu cerebro a reforzar lo que ya crees. Haces que se cree un surco de víctima. Los neumáticos pasan hacia dentro, tú sueltas el volante y viajas por el camino de la víctima.

Tu cerebro está diseñado para buscar patrones y crear vías neuronales para ayudarte a seguir pensando en lo que sigues pensando y hacer las cosas que sigues haciendo.

Por eso producir nuevos pensamientos o intentar algo nuevo es complicado al principio. ¿Recuerdas la primera vez que anduviste en bicicleta, tocaste el piano o hiciste cálculos? Creíste que nunca lo lograrías. Pero a medida que piensas en eso o lo haces una y otra vez, se vuelve natural (excepto, quizá, el cálculo, pero ya sabes a qué me refiero). El dicho «la práctica hace al maestro» tiene mucho más sentido ahora, ¿no es cierto?

Pensar o hacer algo una y otra vez a la larga se vuelve fácil. ¿Recuerdas qué bien podías explicar tu pasatiempo favorito o practicar un deporte o un juego? Mientras más a menudo lo hacías, más fácil se volvía. Inconscientemente, creaste esas vías neuronales muy transitadas que volvieron más fácil algo que una vez fue difícil.

Hace algunos años, mi esposa, Amy, y yo queríamos aprender algunas habilidades básicas del baile de salón. No queríamos pagar por unas verdaderas lecciones, así que alquilamos un video. Uno de los movimientos de baile era cómo salir de una esquina. Al principio chocábamos uno con el otro. Después que trastabillamos unas docenas de veces, comenzó a volverse más fácil y nuestros pies comenzaron a fluir juntos. Invítanos a bailar hoy y verás que somos expertos en salir de las esquinas.

Cuanto más haces algo, más natural se vuelve. Por supuesto, eso ya lo sabes, pero nunca has entendido por qué. A medida que en tu cerebro se forma una vía neuronal, pensar algo o realizar una acción pasa de ser muy difícil a muy fácil. Con suficiente repetición, caer en un surco neurológico se vuelve automático.

Dios creó las vías neuronales para que fueran buenas. Cuando aprendiste a conducir, no estabas seguro de ti mismo, lo hacías con torpeza, pisando demasiado el acelerador y frenando muy fuerte, dando vuelta de la forma equivocada cuando conducías en reversa. Hoy conducir es sencillo para ti. ¿Alguna vez has manejado en un largo viaje por carretera, sumiéndote profundamente en tus pensamientos y, después de que transcurrieran varios minutos, repentinamente volviste a ellos? ¿Quién estuvo conduciendo mientras tú «te ibas»? Bueno, tú. ¿Cómo? Por medio de tus desarrolladas vías neuronales.

La repetición formó surcos útiles.

Pero debido a nuestro pecado, las vías neuronales también pueden ser algo malo. ¿Por qué? Por la misma razón por la que te sentiste torpe la primera vez que…

- intentaste comerte tus sentimientos depresivos con un chocolate *Snickers*;
- pensaste en ti como en una víctima que nunca puede ganar;
- respondiste a una mala experiencia yendo de compras y gastando demasiado dinero;
- hiciste correr un chisme jugoso pero hiriente acerca de un buen amigo.

Sintiéndote incómodo, pensaste: *Esto es tonto. ¿Por qué estoy haciendo esto?* Pudiste haberte sentido culpable. Pero también sentiste una pequeña descarga de placer. Ese entusiasmo es un químico que tu cerebro libera llamado dopamina. Esa pequeña subida natural es la forma en que tu cerebro dice: *Eso me gustó. Pensemos en eso otra vez. ¡Hagamos eso otra vez!*

De modo que te fijaste en la linda entrenadora del gimnasio, bebiste otra copa de vino cuando estabas estresado o le mentiste a un amigo para librarte de algo. Esta vez se sintió un poco menos complicado y obtuviste otra descarga de dopamina. Eso te llevó a hacerlo otra vez. La tercera vez es mucho más fácil. ¿Por qué? Porque estabas desarrollando una vía neuronal. Haz lo mismo muchas veces y tendrás un surco en el que caerás automáticamente.

Fuiste diseñado para crear hábitos, en surcos neurológicos, de manera fácil y eficiente, y para caer en ellos.

Eso es útil para cepillarse los dientes.

Es dañino para comer de más.

Si te sientes atrapado en surcos dañinos, tengo buenas noticias: Dios nos ha dado la salida. Y no tienes que esperar hasta estar manejando por Alaska en julio.

RECONOCE EL SURCO

En la primera parte trabajamos para identificar las mentiras que creemos. Concordamos en que las mismas pueden ser difíciles de detectar, de modo que nos ayuda la identificación del problema que nos acosa.

Mientras meditas en lo que piensas, puedes notar algunos patrones de pensamiento dañinos que son comunes. Yo sé que lo hago. Somos sabios para reconocer esos surcos mentales por los que viajamos en repetidas ocasiones, los cuales nos desvían del camino en el que sabemos que Dios quiere que estemos.

Unos de mis surcos mentales más frustrantes implican las finanzas. Siempre me siento tentado a creer la mentira de que puedo hallar seguridad en el dinero más que en Dios. ¡Ah!, solo estoy siendo sincero. Pero en mi corazón sé y creo que Dios es mi proveedor. Sin embargo, mis pensamientos quedan atrapados en el mismo viejo surco de preocupación de que no vaya a tener lo suficiente para proveer seguridad y estabilidad para mantener a la gente que amo.

Así que identifiqué una mentira que creo que me lleva a un surco mental irracional y contraproducente. ¿Qué debo hacer enseguida? Tú ya lo sabes por el capítulo anterior: hacer preguntas penetrantes.

¿Por qué creo esta mentira? ¿Cuándo comenzó esa falsa creencia?

Mi abuela (que ya está en el cielo) es una de mis heroínas. Yo la respetaba mucho, sus palabras eran todo para mí. Mi abuela y yo acostumbrábamos sentarnos en el porche y observar los automóviles pasar frente a su casa.

A ella le encantaba contarme historias de cosas graciosas que mi mamá hizo cuando era pequeña. La abuela fumaba sus cigarrillos mientras me contaba las mismas historias una y otra vez. Yo me comía una paleta helada con sabor a cereza y me reía como si estuviera escuchándolas por primera vez. La conversación siempre era ligera y alegre. Hasta que un día ya no lo fue.

No estoy seguro de por qué ella eligió ese día en particular para contarme acerca de su niñez durante la Gran Depresión. Aunque yo no comprendía totalmente su forma de pensar en ese tiempo, claramente entendí el efecto que tuvo en mi pensamiento hasta hoy.

Me sentaba en el regazo de la abuela mientras ella pasaba de narradora a maestra. Hacía su mayor esfuerzo para explicarme lo que desencadenó la Gran Depresión. Luego comenzaba a temblar mientras recordaba los horrores que ella, como muchos otros de su generación, habían sufrido. Lloraba cuando describía a la gente sacando comida de los botes de basura para sobrevivir y a aquellos que habían perdido la esperanza y se lanzaban desde las ventanas. La abuela me miraba a los ojos y me advertía: «Craig, te quiero tanto. Necesitas saber que la economía *volverá* a derrumbarse durante tu vida. Y cuando eso suceda, necesitas estar listo».

Esa idea era nueva y confusa, pero le creí a mi abuela. Comencé a preocuparme por el dinero, con temor por el día en que no tuviera suficiente. De modo que si alguien me daba dinero por mi cumpleaños, lo escondía debajo de mi alfombra. El pequeño bulto que crecía lentamente en el piso de mi habitación representaba en qué estaba poniendo mi esperanza. Algún día la economía del mundo colapsaría, pero yo podría comprar comida para mi familia. Estaba haciendo exactamente lo que mi abuela me había advertido que hiciera. Podrás pensar que cuando crecí, evalué racionalmente el clima económico mundial y mi situación financiera personal. No. Mi cerebro ya había formado vías neuronales. De modo que cada vez que pensaba en dinero, mi reacción primera era preocuparme y tratar de producir seguridad financiera.

Trabajé mucho para pagar cada una de las deudas. Apenas con cinco años de matrimonio, Amy y yo ya habíamos pagado todas nuestras deudas, incluyendo la hipoteca de nuestra pequeña casa. Estar libre de deudas te pone en una posición financiera fuerte que debería llevarte a la libertad. No en mi caso. El dinero y la seguridad aún eran una constante fuente de ansiedad. Todavía tomaba decisiones irracionales. Incluso ordenar lo que quería en un restaurante era difícil para mí. Si el queso costaba extra, no lo añadía a mi hamburguesa. Muy tonto, ¿no? ¿Podía permitirme los cincuenta centavos extra? Por supuesto, pero me era casi imposible pensar de esa forma.

Mi mentalidad era dirigida por un profundo temor a la escasez y la pobreza, incluso sin deberle a nadie y ganando suficiente dinero. ¿Por qué? Porque había pasado años desarrollando vías neuronales, por lo que lo más fácil para mí era caer en esos mismos surcos mentales poco saludables.

¿Qué hay contigo? ¿Cuál es tu surco?

Quizá cuando eras joven, la respuesta de tu madre a todos los problemas era la comida. Cuando eras bebé, ella te daba un biberón cuando llorabas. Cuando tenías dos años, si te caías y te raspabas la rodilla, la solución no era un apósito o curita, sino helado. Durante tus años de preparatoria, cuando estabas devastado por haber roto un noviazgo, ella te hacía galletas de chocolate.

¿Qué te sucedió?

Tu cerebro creó una vía neuronal. Las neuronas se enlazaron, una y otra vez, con el mismo mensaje: si estás herido o enojado o triste, come algo; consuélate con comida. Ahora comer es tu respuesta integrada a un problema.

Quizá el primer día del primer grado fuiste el que eligieron al final para jugar *kickball* en el patio de la escuela. Intentaste hallar sentido a ese extraño sentimiento nuevo. ¿Qué significaba?

Luego tu padre no te trató justamente, lo que te resultó familiar, muy parecido a lo que había pasado en el recreo.

Durante toda la secundaria, tus hermanos fueron más populares que tú, así que pensaste, quizá inconscientemente: *Hum, esto es como lo que sucedió en el patio de juegos y con papá.*

Entonces tus padres te dijeron que se iban a divorciar. *¿Qué?¡No! ¿Por qué me está sucediendo esto a mí? Los padres de mis amigos no están divorciados. ¡Siempre me pasan cosas malas como estas! Es como si estuviera maldito.*

¿Qué te ocurrió?

Tu cerebro creó una vía neuronal. Comenzó a enlazar esas experiencias aleatorias y diferentes, pero de alguna forma similares, en una historia que te contabas. Comenzaste a creer la mentira de que eres una víctima. No puedes ganar. La gente siempre va a lastimarte. Ahora casi no importa lo que suceda, tu respuesta habitual es pensar que alguien está tratando de atraparte y que algo malo está por suceder.

Tal vez te mudaste para asistir a la universidad y te sentiste muy solo ahí. No tenías amigos todavía y sentías que no encajabas. Lo que tenías era la tarjeta de crédito de tus padres. Así que manejaste al centro comercial y compraste ropa nueva. Tener algo nuevo y lindo, imaginarte cómo te verías en esa ropa, llevó a tu cerebro a liberar algo de dopamina. Esa subida natural fue la primera vez que te sentiste bien en semanas. Tu cerebro respondió: *Se sintió bien. ¡Hagámoslo otra vez!*

Lo hiciste. Unas pocas semanas después recibiste una mala calificación. Fuiste al centro comercial y compraste algo. Luego atravesaste por una ruptura dolorosa. Fuiste al centro comercial y compraste algo.

¿Qué te ocurrió?

Tu cerebro creó una vía neuronal. Y has seguido haciendo lo mismo por largo tiempo, como si hubieras hecho uno de los círculos de mi perro Bandido, excepto que el surco que tú creaste corre de ida y vuelta de tu casa al centro comercial. Cuando estás decepcionado, cuando sientes que no es suficiente, cuando estás enojado, compras algo que no está a tu alcance. Y ahora todo está en la tarjeta de crédito, lo que agrava el problema.

Una noche cuando eras un adolescente, terminaste tu tarea y te sentiste aburrido. Comenzaste mecánicamente a navegar por internet y sucedió eso. Un clic a la vez y deambulaste a un sitio que mostraba fotos seductoras de un cuerpo escasamente vestido.

Te sentiste incómodo y culpable, pero también emocionado. Te sacaste la lotería de la dopamina.

La siguiente vez que te aburriste, el pensamiento te golpeó: *Podría tratar de encontrar ese sitio web.* Lo hiciste, y fue un poco menos incómodo y con un poco menos de culpa.

Un par de días después estabas aburrido otra vez y rápidamente decidiste encontrar la misma página en internet. En realidad, ¿por qué no ver qué más hay por ahí? Encontraste nuevas páginas con desnudos, y esta vez todo fue más intuitivo.

Muy pronto estabas dando excusas para estar solo en tu habitación, porque todo el día te lo pasaste pensando en encontrar más sitios de internet y ver más imágenes y videos excitantes.

¿Qué te pasó?

Tu cerebro creó una vía neuronal. La intención original de Dios de que tuvieras una mente pura fue profanada y comenzaste a pensar cosas que nunca tuviste intención de pensar.

UNA LLAMADA DE ATENCIÓN

En todos estos ejemplos, incluyendo el mío, los cables estaban cruzados. Ocurrieron sucesos de la vida normal, justos o no, intencionales o no, y convertimos la oportunidad en una mala conexión que formó un patrón dañino que creó un surco tóxico. En el caso del consejo de mi abuela, yo todavía podía haber tomado la saludable decisión de ser frugal y vivir libre de deudas, pero también pude tomar sus historias como motivos para ser generoso con los indigentes y ser agradecido por todas mis bendiciones.

¿Y Bandido? Bueno, él se quedó en el mismo camino con ese mismo patrón por el resto de sus años perrunos.

A menos que decidamos romper el patrón, nuestra vida continuará moviéndose en la dirección incorrecta. En un círculo que nunca llega a ningún lugar. Es normal. Fácil. El mismo viejo surco.

Estoy suponiendo que deseas algo diferente, algo mejor. Tal vez esa es la única razón por la que elegiste este libro.

Por último, reconocí las consecuencias involuntarias de mi surco financiero y me di cuenta de que tenía que cambiar.

> « A MENOS QUE DECIDAMOS ROMPER EL PATRÓN, NUESTRA VIDA CONTINUARÁ MOVIÉNDOSE EN LA DIRECCIÓN INCORRECTA. »

Sucedió una noche en un restaurante llamado Applewoods. Estoy loco por mis hijos y he establecido una celebración especial de cumpleaños con mis hijas. La cumpleañera se arregla. Papá conduce a casa y la recoge, llevando un pequeño ramillete de sus flores favoritas. Papá pregunta: «¿A qué restaurante quieres ir?» y hace como que se sorprende cuando ella elige Applewoods. Ellas siempre eligen Applewoods. ¿Por qué? Porque sirven buñuelos de manzana sin límite. Dios es bueno todo el tiempo y todo el tiempo Dios es bueno.

Llegó el cumpleaños de mi hija mayor, Catie, y se veía más hermosa de lo que normalmente es, con su cabello rizado para la gran noche. Cuando estábamos sentados en el restaurante, le dije: «Cariño, feliz cumpleaños. Ordena lo que quieras. Pídelo».

Mientras ella miraba el menú, la mesera se acercó, así que pregunté: «Catie, ¿estás lista para ordenar?». Ella respondió: «Papá, no puedo». La mesera ahora estaba de pie junto a nuestra mesa, sonriendo y esperando. Le dije a Catie: «Princesa, ordena lo que quieras. Es tu cumpleaños».

Sus ojos comenzaron a llenárseles de lágrimas. «Papá, no puedo. Lo que quiero cuesta mucho dinero».

Sus palabras me estremecieron hasta la médula. No estábamos en un restaurante de cinco estrellas, ni siquiera en uno de cuatro. ¡Estábamos en Applewoods! La descripción de Google tiene solo dos signos de dólar.

Me di cuenta de que, sin intención, le enseñé a pensar en el dinero como yo lo hacía. Tal como mi abuela, sin querer, me pasó sus miedos a mí. Mi propia mentalidad poco saludable se había revelado en mi preciosa hija. No quería que viviera con temor como yo. En ese momento me prometí que eso terminaría. No pasaría ese problema a alguien que amaba. Tenía que atacar esa ciudad y demolerla. Lo que significaba que necesitaría el poder de Dios en gran manera.

Desde que tenía siete años había estado atrapado en un pensamiento irracional y contraproducente acerca de las finanzas. Por décadas creí las mentiras: *No tengo suficiente. Mi familia sufrirá. No podemos permitirnos gastar dinero. Necesitamos un plan para cuando los malos tiempos estén a la vuelta de la esquina.*

Pero esa noche con Catie fue una llamada de atención por parte de Dios. Atrajo mi atención con las palabras de ella. La verdad era que teníamos lo suficiente, pero mi familia aún sufría. No de falta de dinero, sino porque mi mentalidad había pasado a mis hijos. Pensé que no podíamos permitirnos algunas cosas materiales, pero la realidad era que yo ya no podía permitirme permanecer en mi surco, manejado por el temor. Mi familia no necesitaba nada, excepto que yo cambiara de paradigma respecto de cómo veía la obvia provisión y las bendiciones de Dios.

Mi cerebro había tenido los mismos pensamientos por demasiado tiempo, por lo que necesitaba una solución que funcionara con la forma en que trabajaba mi cerebro.

Tenía un surco. Pero necesitaba que Dios me diera uno nuevo.

—— EJERCICIO 4 ——

RECONOCE TUS SURCOS

EN ESTE EJERCICIO QUIERO QUE ESCRIBAS CUALQUIERA de los puntos en tu vida en los que las mentiras han cruzado tus cables y han creado surcos en tu pensamiento. Usa lo que escribiste en el ejercicio 3 y considera los muchos ejemplos que te doy en este capítulo; pide a Dios que te hable y revele el origen de tus surcos. Si no es posible, como en la situación con mi abuela, trata de regresar a la fuente.

Ya sea que puedas o no descubrir dónde comienzan esas cosas, la meta principal de este ejercicio es escribir y enfrentar todos y cada uno de los surcos nocivos e hirientes que se han creado en tu mente. Harás una travesía personal, paso a paso, que pueda llevarte a una mente renovada y a una vida transformada.

Mis surcos:

CAPÍTULO 5

CREA UNA TRINCHERA
DE LA VERDAD

HACE UN TIEMPO HICE LA PROMESA SOLEMNE DE DEJAR DE obsesionarme con los textos y los correos electrónicos. Decidí que en cualquier momento que escuchara una campanita indicando que había recibido un mensaje no sentiría la urgencia de revisarlo inmediatamente. Y que cuando lo hiciera, no leería una y otra vez lo que la otra persona escribió. Tampoco reescribiría una y otra vez mi respuesta. Mi decisión digital duró... bueno, para ser franco, no creo que haya dejado de obsesionarme con los textos ni con los correos electrónicos. No solamente mi promesa no funcionó; ¡ni siquiera comenzó!

La cuestión con cómo afrontamos nuestros problemas es que vamos detrás de ellos. Nos enfocamos únicamente en la conducta al comprometernos a comenzar a hacer algo o dejar de hacerlo.

Tú también lo has hecho, ¿no es verdad? Has decidido, tal vez aun declarado, que ibas a cambiar.

- ¡El 1º de enero voy a dejar de fumar!
- ¡Este año voy a comer saludablemente y a hacer ejercicio todos los días!
- Voy a dejar las citas con cualquiera que se porte mal conmigo. De hecho, ¡no voy a ir a ninguna cita!
- Estoy cansado de desperdiciar mi tiempo en las redes sociales y de comparar mi vida con la de todos los demás. ¡Ya me voy a desconectar para siempre!
- Ya fue suficiente. Esta es la última vez. ¡Nunca más volveré a ver pornografía!
- No voy a exagerar, ni a mentir, ni a contar chismes para llamar la atención ni para sentirme mejor conmigo mismo. ¡Nunca más!
- ¡Voy a leer mi Biblia cada mañana todo este año!

Cualquiera que haya sido tu promesa, ¿cómo te fue?

Supondría que no muy bien. ¿Por qué? Porque la modificación de la conducta no funciona, puesto que el enfoque está únicamente en modificar la conducta. Pero no llegas a la raíz del problema, que es el pensamiento que produce esa conducta. Para ser más específico, el problema es la vía neuronal que lleva a la conducta.

Digamos que detestas un árbol feo que hay en tu jardín. Quieres que desaparezca. Finalmente, decides que ha llegado la hora de encargarte del problema. Así que marchas hacia tu jardín con un pequeño machete. Eliges una fea rama del árbol y la cortas. Sonríes y caminas de regreso a la casa, cantando triunfantemente una *melodía triunfal*. Al día siguiente te sorprendes al ver que el árbol todavía está de pie. Mientras miras hacia la ventana casi podrías jurar que el árbol tiene una sonrisa de satisfacción.

Lo sé. La analogía es absurda. Tú nunca intentarías matar un árbol quitándole únicamente una rama. Porque obviamente la rama no es el problema. El árbol es el problema. De hecho, su sistema de raíces es el principal culpable. Si no eliminas el sistema de raíces cuando cortas el árbol, podría crecer otra vez.

Aquí hay un giro diferente: comienzas a toser mucho. Vas al doctor. Él te dice que tienes cáncer pulmonar. Tú decides comenzar a tomar pastillas para detener la tos. Por supuesto, nunca harías eso. Te darías cuenta de que la tos es solamente un síntoma del verdadero problema. Lo que necesitas atacar es el cáncer, no la tos.

Bien, si decidimos: *Voy a dejar de gritarles a mis hijos*, o *Voy a dejar de aislarme y vivir solitariamente*, o *Voy a hacer ejercicio todos los días*, solo estamos cortando una rama o tomando una pastilla para la tos. Estamos ignorando el verdadero problema de la mentira que creemos y el surco mental en el que caemos. Estamos atacando únicamente los síntomas, no la fuente.

Creer que podemos cambiar una conducta con solo eliminarla es absurdo. La conducta no es la raíz del problema. El problema es la vía neuronal que me lleva a la conducta. Si abandonaste una conducta, regresará, a menos que:

1. elimines la mentira en la raíz de esa conducta y
2. reemplaces la red neuronal que te lleva a ella.

A lo largo de la primera parte, aprendimos cómo eliminar la mentira y reemplazarla con la verdad. Ahora descubramos cómo podemos crear una nueva vía neuronal o, para decirlo de otra forma, cavar una nueva y útil trinchera. Eso nos ayudará a recablear nuestro cerebro y a renovar nuestra mente.

Para asegurarnos de que comprendemos lo que estamos hablando, vamos a explicar con lujo de detalles las diferencias entre estas dos palabras similares:

Un *surco* normalmente se forma en el fango y se convierte en una molestia, incluso en un peligro. No se crea intencionalmente, no tiene propósito y requiere que se arregle.

Una *trinchera* se cava intencionalmente para entregar un recurso necesario. Tiene un propósito específico y arregla un problema existente.

Sabemos que el único antídoto para la mentira es la verdad. Por eso nuestra primera herramienta fue el principio del reemplazo: quitar las mentiras y reemplazarlas con la verdad. El antídoto para una vía neuronal negativa es una nueva vía neuronal. En lugar de vivir en un surco, puedes crear una trinchera de la verdad que sea más profunda, para desviar la corriente de tus pensamientos de los caminos antiguos a los nuevos.

Hay una serie de pensamientos establecidos que tenemos cada vez que nos provocan. Para ti, el detonante puede ser sentirte solo, temer al fracaso o estar alrededor de gente que está bebiendo; caes en la misma serie de pensamientos en los que siempre has caído y te llevan a la misma conducta. Ahora vamos a escoger estratégicamente una nueva serie de pensamientos.

¿De dónde vamos a obtener estos nuevos pensamientos? Pista: no los obtendremos desplazándonos por los mensajes de las redes sociales, ni escuchando nuestras listas favoritas ni telefoneando a algún amigo para pedirle su opinión.

Para detener las mentiras y reemplazarlas con la verdad necesitamos mirar la Palabra de Dios.

Recuerda, esa es el arma que Dios nos da para la batalla que estamos librando. Su verdad es lo que nos puede hacer libres, por lo que vamos a elegir versículos bíblicos específicos para crear una nueva vía neuronal que se aplique directamente a nuestro problema. Usando su Palabra, crearemos una trinchera de la verdad.

Para este trabajo, necesitamos más que solo conocer la Palabra de Dios; necesitamos asimilarla. El autor del salmo 119 comprendió esto cuando escribió: «En mi corazón he atesorado Tu palabra, para no pecar contra Ti» (v. 11).

> « PARA DETENER LAS MENTIRAS Y REEMPLAZARLAS CON LA VERDAD, NECESITAMOS MIRAR LA PALABRA DE DIOS. »

Eso es lo que hizo Jesús. Tenía versículos memorizados que aplicaba directamente a las tentaciones que enfrentó. Cuando Satanás lo tentó, Jesús no podía sacar rápidamente su *iPhone* y abrirlo en *YouVersion*, la aplicación de la Biblia, para buscar un verso que lo pudiera ayudar. Ya había asimilado las verdades de la Palabra de Dios que crearon una vía neuronal útil. Cuando fue tentado, Jesús siguió esa vía que lo llevó a la obediencia y la libertad.

Eso es lo que nosotros necesitamos hacer.

Así que veamos otra herramienta que puede darnos poder para vencer los patrones inútiles y dañinos que nos tienen secuestrados y nos mantienen lejos de la vida que Dios tiene la intención de darnos.

DECLARACIONES DECISIVAS

La segunda herramienta para cambiar tus pensamientos es el Principio de renovación de la conexión: renovar la conexión de tu cerebro, renovar tu mente. Anteriormente te conté acerca de mis surcos financieros. Cualquier detonador que tuviera que ver con el dinero me llevaba al temor, a pensamientos de que no tenía lo suficiente y a mi necesidad de ahorrar más para crear seguridad. Cuando en mí se desencadenan pensamientos acerca del dinero, caigo en un surco (así trabaja mi cerebro), de manera que necesito crear una trinchera de la verdad.

Las buenas noticias son que la Biblia habla de todos nuestros problemas. La Palabra de Dios nos brinda la verdad que nos da el poder para escaparnos de los viejos surcos de destrucción hacia un nuevo camino que nos lleve a la vida. ¿Qué dice la Biblia que se aplique directamente a mis temores y a mis problemas con el dinero? Aquí hay algunos de mis versículos:

- «Sé vivir en pobreza y sé vivir en prosperidad. En todo y por todo he aprendido el secreto tanto de estar saciado como *de* tener hambre, de tener abundancia como de sufrir necesidad». (Filipenses 4:12)
- «…los salvaré para que sean bendición». (Zacarías 8:13)
- «Más bienaventurado es dar que recibir». (Hechos 20:35)
- «Y Dios puede hacer que toda gracia abunde para ustedes, a fin de que teniendo siempre todo lo suficiente en todas las cosas, abunden para toda buena obra». (2 Corintios 9:8)
- «Y mi Dios proveerá a todas sus necesidades, conforme a sus riquezas en gloria en Cristo Jesús». (Filipenses 4:19)

Con ellos armo lo que llamo una «declaración», lo que estoy declarando que es verdad en mi batalla contra las mentiras que estoy tentado a creer. La meta de la declaración es que se vuelva mi nueva vía neuronal, mi trinchera de la verdad cavada intencionalmente.

Aquí está mi declaración basada en la Palabra de Dios.

El dinero no es y nunca será un problema para mí. Mi Dios es un proveedor abundante que satisface toda necesidad. Debido a que soy bendecido, siempre seré bendición. Marcaré el camino con una generosidad irracional, porque sé que verdaderamente es más bienaventurado dar que recibir.

Esa es solo una de las declaraciones que hago directamente a un problema que me ha acosado por años. Estos enunciados crean una nueva vía neuronal y me llevan a una vida de paz y generosidad.

¿Qué nueva vía neuronal necesitas crear? Eso depende de tu vieja vía, ¿no es así?

Regresemos a algunos de nuestros ejemplos anteriores. En nuestro viejo surco el paradigma era: si estás herido, enojado o triste, come algo. Busca en la Biblia versículos acerca del alimento y de comer, y de qué hacer cuando estés luchando; y encontrarás esto:

- «Porque Dios los compró a un alto precio. Por lo tanto, honren a Dios con su cuerpo». (1 Corintios 6:20, NTV)

- «Jesús les respondió: —Yo soy el pan de vida. El que viene a mí nunca volverá a tener hambre; el que cree en mí no tendrá sed jamás». (Juan 6:35, NTV)
- «Señor, ¡tú eres mi fuerza y mi fortaleza, mi refugio en el día de aflicción!». (Jeremías 16:19, NTV)

Inspirado en la Palabra de Dios, escribe tu declaración:

Cuando estoy estresado o en tiempos de aflicción, me vuelvo a Dios, no hacia la comida. Tengo a Jesús porque él es lo que realmente necesito. Él es mi fuerza, mi fortaleza y mi refugio.

Ahora, cada vez que estés herido, enojado o triste, en oración y con una confianza inspirada en Jesús, proclama tu declaración.

En tu antiguo surco, te viste como una víctima que nunca podía ganar. Erróneamente has creído que la gente estaba en contra de ti, que te lastimaría y decepcionaría. Esto no te ha llevado a la vida que quieres, por lo tanto, haz una trinchera de la verdad usando versículos que encuentres en Romanos 8. Tu declaración puede ser:

Dios es por mí, ¿así que quién contra mí? Mi Dios está usando todas las cosas para mi bien. Soy más que vencedor a través de Jesús, que me ama y me fortalece.

Tu antiguo surco te llevó a comprar cosas que no podías permitirte, a racionalizar que las merecías y que no podías privarte de cosas buenas.

Ahora crea una nueva trinchera de la verdad con la Palabra de Dios:

> No soy mis cosas. Yo soy lo que Dios dice que soy. Él dice que soy bendecido, pleno y llamado a marcar la diferencia.
> Mi Dios me ha dado todo lo que necesito para la vida y para la piedad.
> Estoy contento y lleno de gozo porque él es suficiente.

Tal vez has luchado con la lujuria por años. Cuando estás en internet, en el gimnasio o en cualquier lugar, tus ojos y pensamientos van a sitios que sabes no deberían. De modo que creas una declaración basada en las verdades halladas en la Palabra de Dios que se vuelve tu nueva vía neuronal, tu trinchera de la verdad.

> La lujuria no es mi dueña. Dios me ha redimido y me ha dado pensamientos puros. No voy a mirar lujuriosamente, porque he hecho un pacto con mis ojos y con mi Dios, que me fortalece.
> Dios siempre es fiel y, si soy tentado, siempre proveerá la salida.

Extrae tus declaraciones de la verdad de Dios y hazlas tuyas. Sé creativo. Escríbelas de manera que te hablen y te inspiren.

Ponlas en lugares en los que puedas verlas y memorizarlas rápidamente. Colócalas en la aplicación de tu teléfono para que puedas deslizar el dedo rápidamente y desplazarte entre ellas. Grábalas en tus notas de voz y escúchalas mientras te ejercitas o conduces. La repetición hará que tus nuevas trincheras sean más y más profundas, crearás así un nuevo camino más fácil y accesible.

Escribe tus declaraciones como si ya fueran verdad, incluso si aún no las crees totalmente. Con una nueva declaración estamos reclamando la victoria que tenemos en Cristo, y necesitamos crear una vía neuronal que afirme nuestras habilidades de destruir las fortalezas y ganar la batalla. Todo esto puede sentirse como una tontería al principio. Recuerda, cualquier cosa nueva al principio se puede sentir rara. Estarás diciendo algo que quieres creer, pero tu vida estará diciendo algo diferente. Está bien. No te desanimes. No te rindas. La fuerza de gravedad hacia tus viejos pensamientos negativos probablemente será más fuerte de lo que puedas imaginarte. Resiste esas mentiras. Continúa renovando tu mente con la verdad de Dios y esta se convertirá en verdad para ti.

ESCRÍBELAS, PIÉNSALAS, CONFIÉSALAS

Por años creí que si iba al gimnasio, levantaba algunas pesas por ahí y gruñía mucho, de alguna manera estaría en buena forma física. No me había dado cuenta de que más allá de lo que haga *con* mi cuerpo, mi condición física se trata más de lo que pongo *en* mi cuerpo. Si realmente voy a estar saludable, lo que entra en mí debe ser saludable.

Lo mismo sucede con nuestra mente. Lo que ponemos en ella sale a relucir en nuestra vida. Todo lo que hacemos, cada palabra que decimos y cada actitud que expresamos se origina en nuestros pensamientos.

Pero es una locura la poca atención que le damos a lo que entra a nuestras mentes. La gente que tiene autos de alta gama solo les pone combustible de alto octanaje. La gente que se preocupa por sus perros elige alimento para canes que tenga antioxidantes y el equilibrio correcto de carnes, vegetales, granos y frutas. Podemos ser muy cuidadosos con lo que ponemos a nuestros automóviles o con la comida que les damos a nuestras mascotas, pero muy negligentes con lo que ponemos en nuestra mente.

Una de las razones por las que necesitamos estar más atentos a estas decisiones es porque constantemente tenemos pensamientos que no elegimos. Los estudios revelan que somos bombardeados por casi cinco mil pensamientos involuntarios e invasivos en el día.[2] Cada pensamiento no deseado dura casi catorce segundos. Haz las cuentas. Son casi dos horas al día de pensamientos que no queremos tener.

Dos horas de misiles con pensamientos como: *No eres lo suficientemente bueno. Mereces algo mejor. Siempre estarás luchando con tu peso. Si te conocieran, no les caerías bien. Siempre estarás solo.* Si no hacemos algo, estos pensamientos envenenarán nuestra mente. ¡Verdaderamente necesitamos ganar la guerra en nuestra mente!

Los psicólogos y otros que estudian cómo funciona la mente hablan acerca de la ley de la exposición. Esta dice que la mente absorbe y refleja aquello a lo que está más expuesto. En esencia, si permitimos que entre un pensamiento a nuestra mente, este saldrá a relucir en nuestra vida.

Hace más de dos mil años, Pablo, nuestro profesor de la materia de pensamiento, nos enseñó la misma verdad cuando escribió: «Los que están dominados por la naturaleza pecaminosa piensan en cosas pecaminosas, pero los que son controlados por el Espíritu Santo piensan en las cosas que agradan al Espíritu. Por lo tanto, permitir que la naturaleza pecaminosa les controle la mente lleva a la muerte. Pero permitir que el Espíritu les controle la mente lleva a la vida y a la paz» (Romanos 8:5, 6, NTV).

Pablo enseñó que si permites un pensamiento en tu mente, este saldrá a relucir en tu vida. Así que si quieres cambiar tu vida, tienes que cambiar tu pensamiento. Necesitas una nueva declaración.

¡Necesitamos ser diligentes con lo que permitimos que entre a nuestra mente!

¿Por qué? Porque lo que consume nuestra mente controla nuestra vida.

> « SI QUIERES CAMBIAR TU VIDA, TIENES QUE CAMBIAR TU PENSAMIENTO. »

Por eso medito en la verdad, específicamente en versículos de la Biblia que se aplican a mis fortalezas y en las declaraciones que he escrito para crear nuevas vías neuronales.

Ahora bien, no sé qué te venga a la mente cuando te encuentras con la palabra meditación, pero puedo decirte cuál es la comprensión bíblica de esto: enfocar los pensamientos en las cosas de Dios. La Biblia habla *mucho* acerca de meditar. Se nos dice que nos enfoquemos, que meditemos en la bondad de Dios y en la Palabra de Dios.

La meditación oriental es un vaciado de la mente. Lo que estoy sugiriendo, lo que la Biblia pide, es lo opuesto. La meditación cristiana consiste en llenar tu mente con la Palabra de Dios, ser estratégico y deliberado en aquello que permites que entre a tu mente. Hacemos que la ley de exposición funcione a nuestro favor más que en nuestra contra. Ganamos la guerra de nuestra mente al crear una solución para nuestros surcos mentales: trincheras de la verdad que trabajan con la forma en que nuestro cerebro funciona.

Hablaremos más de la meditación en el próximo capítulo, pero por ahora quiero animarte a que medites en las verdades que se aplican a tu problema. Este es el plan: escríbelas, piénsalas y confiésalas hasta que las creas.

Anteriormente compartí que he luchado desde la infancia con pensamientos negativos acerca de mí mismo. He sentido que no soy lo suficientemente bueno y que necesito probarme. A menudo me siento abrumado, como si nunca pudiera terminar las cosas.

Mis pensamientos negativos crearon vías neuronales dañinas. Finalmente, decidí que no iba a quedarme atorado en esos surcos, sino que crearía en mi mente vías positivas que honraran a Dios. Para exponer la mentira y abrazar la verdad, necesité crear una nueva trinchera de la verdad. Así que escribí las siguientes declaraciones de fe para reemplazar las mentiras de mi mente con la verdad de Dios.

Jesús es lo primero en mi vida.
Existo para servirlo y glorificarlo.

Amo a mi esposa y daré mi vida para servirle.

Criaré a mis hijos para que amen a Dios y lo sirvan de todo corazón.
Los educaré, equiparé, entrenaré y empoderaré para hacer más por el reino de lo que ellos jamás creyeron posible.

Amo a la gente y creo lo mejor de los demás.

Soy disciplinado.
Cristo en mí es más fuerte que mis malos deseos.

Estoy acercándome a Jesús cada día más. Por Cristo, mi familia está más cerca, mi cuerpo es más fuerte, mi fe es más profunda, mi liderazgo es más puntual.

Soy creativo, innovador, determinado, enfocado y bendecido más allá de toda medida porque el Espíritu de Dios mora en mí.

El dinero no es y nunca será un problema para mí. Mi Dios es un proveedor abundante que satisface toda necesidad. Debido a que soy bendecido, siempre seré bendición. Marcaré el camino con una generosidad irracional, porque sé que verdaderamente es más bienaventurado dar que recibir.

Desarrollo líderes. Eso no es algo que hago; es lo que soy.

El dolor es mi amigo. Me regocijo en el sufrimiento, porque Jesús sufrió por mí.

Doy lo mejor de mí y aun más. Lo que doy después de dar mi mejor esfuerzo marca la diferencia.

El mundo será diferente y mejor porque le serví a Jesús hoy.

¿Qué hago con estas declaraciones? Medito en ellas al escribir, pensar y confesar esas verdades hasta que las crea. Cuando, repito una y otra vez, científicamente estoy creando nuevas vías neuronales. Estoy cavando trincheras de la verdad cada vez más profundas con el propósito de cambiar mi mente y mi vida. Y como te dije acerca de mi hija Catie en el restaurante, cambiaré el legado de mi familia.

Estoy permitiendo que la verdad de Dios renueve mi mente.

Este es nuestro plan:

- Identificar el surco.
- Crear una nueva trinchera de la verdad con la verdad de Dios.
- Escribir una declaración, pensar en ella y confesarla hasta que la creas.

Costará algo de trabajo. No será fácil. Pero si inviertes tiempo y energía, crearás nuevas trincheras de la verdad para que Dios pueda renovar tu mente.

Y cuando cambies tu pensamiento, cambiarás tu vida.

— EJERCICIO 5 —

CAVA TRINCHERAS DE LA VERDAD

EN ESTE CAPÍTULO INDAGAMOS MÁS PROFUNDAMENTE LO que significa meditar en la Palabra de Dios y luego convertir los principios bíblicos en declaraciones de larga duración. Quiero darte otra oportunidad para orar y pedirle a Dios trincheras de la verdad y declaraciones que eliminen las mentiras que has estado creyendo. Te he mostrado mis declaraciones, las que he usado por años y que continuaré usando; ahora enfócate en las tuyas. Cava tus trincheras de la verdad profundamente, permite que Dios renueve tu mente y transforme tu vida. Recuerda: Escríbelas. Piénsalas. Confiésalas. Hasta que las creas.

Mentira:

Verdad:

Declaración:

Mentira:

Verdad:

Declaración:

CAPÍTULO 6

RUMIAR Y RENOVAR

ME DISCULPO POR ANTICIPADO, PERO VOY A CAUSARTE
asco. Aunque, bueno, es necesario y es por tu propio bien.

En Josué 1:8, Salmos 1:2 y en al menos otros seis pasajes de los salmos, Dios nos dice que rumiemos. La palabra meditar en estos versículos es la misma que rumiar. ¿Qué significa rumiar? La rumia es lo que las vacas hacen con el bolo alimenticio. (Lo siento, aquí es donde las cosas se ponen raras).

Las vacas toman un bocado de hierba, la mastican, la tragan, la traen de regreso a la boca, mastican un poco más, la vuelven a tragar, la traen de regreso nuevamente, mastican un poco más, la tragan otra vez, la traen de regreso otra vez, la mastican más, la tragan otra vez. Hacen eso una y otra y otra vez. Eso es lo que significa rumiar.

Esta es la idea exacta que yace tras la palabra meditar. Meditar es tomar un pensamiento —en nuestro caso un versículo bíblico o una declaración basada en la Palabra de Dios— masticarlo, luego tragarlo, llevarlo de regreso a la mente y masticarlo un poco más.

Luego tragarlo nuevamente, regresarlo a la mente y masticarlo más. Hacemos eso una y otra y otra vez. No estamos hablando de una lectura casual de la Biblia; nos referimos a la asimilación repetida de cada palabra, el significado y el contexto.

¿Por qué? Bueno, ¿por qué las vacas rumian su bolo alimenticio? Porque eso les permite obtener la máxima cantidad de nutrientes de la hierba.

¿Por qué meditamos en la verdad de Dios, en su amor y en sus grandes obras? Una de las razones es que nos permite obtener la máxima cantidad de nutrientes espirituales de nuestros pensamientos piadosos.

Hay otra razón: la repetición es la razón de los surcos.

Cuando imaginas a mi perro Bandido corriendo por el jardín, o a la gente conduciendo en un camino fangoso de Alaska, es obvio que el surco no se produce de una sola vez. La razón de que exista el surco físico es la repetición.

Ocurre lo mismo con nuestros surcos mentales. ¿Quieres escuchar algo fascinante? La investigación prueba con mayor frecuencia que la forma de hacer que alguien crea una mentira simplemente es repetir la mentira.[3] Los psicólogos llaman a esto el efecto de la verdad ilusoria. Se le ha llamado un fallo en la psiquis humana.

Somos tan propensos a creer algo que escuchamos repetidamente porque solo usamos el diez por ciento de nuestro cerebro. La inhabilidad para involucrar más de nuestra capacidad cerebral nos impide distinguir la verdad de la mentira.

Excepto que... adivina. ¡No usamos únicamente el diez por ciento de nuestro cerebro! Esa es una mentira. Pero una mentira que la mayoría de la gente cree. ¿Por qué? Porque se ha afirmado repetidamente. Así como que la vitamina C puede ayudar a prevenir o curar el resfriado común. No puede. La gente dice que puede. Y debido a que se ha dicho lo suficiente, la gente lo cree.

La repetición es la razón de los surcos.

Por eso, nuestro enemigo espiritual nos ha estado susurrando las mismas mentiras repetidamente toda la vida. Sabe que mientras más pensemos algo, es más probable que lo creamos, y más posible que la mentira se convierta en un surco en el que quedemos atrapados.

¿Has notado que el diablo sigue susurrándote las mismas mentiras? Simplemente está siendo repetitivo, pero no creativo. Si fuera creativo, hoy te tentaría a pelear con tu cónyuge y mañana con el cartero. Pero supongo que siempre se trata de tu esposa y que, probablemente, ni siquiera conoces al que te entrega el correo. Si Satanás fuera creativo, hoy te diría que no es lo suficientemente linda y, mañana, que no transpira lo suficiente. Pero apuesto a que nunca has tenido miedo de su falta de capacidad para sudar.

> **NUESTRO ENEMIGO ESPIRITUAL NOS HA ESTADO SUSURRANDO LAS MISMAS MENTIRAS REPETIDAMENTE TODA LA VIDA.**

Satanás no es muy creativo. Es muy repetitivo. Sabe que si te dice una mentira suficientes veces, a la larga vas a creerla.

Así que, ¿cómo vencerás sus mentiras? ¿Cómo reemplazarás el viejo surco con el camino nuevo? La respuesta se encuentra en la repetición.

Vas a escribir, vas a pensar cómo y vas a confesar hasta que lo creas.

Con hacer tus declaraciones una sola vez realmente no conseguirás nada. A ti se te han dicho mentiras una y otra vez, por lo que ahora necesitas decirte la verdad una y otra vez. Medita, mastica, rumia, traga, repite. Como dijo Napoleón Hill: «Cualquier idea, plan o propósito puede colocarse en la mente con la repetición de pensamientos». La repetición es lo que creó el viejo surco. La repetición es lo que creará la nueva trinchera.

Escríbelo, piénsalo y confiésalo hasta que lo creas.

Haz esto cada mañana tan temprano como sea posible. Lo que pensamos ahora influye en lo que pensaremos después. Así que lo primero que pienses en la mañana es la primera pieza de dominó en caer, lo que impactará tus pensamientos por el resto del día.

¿Qué significa esto?

Debes comenzar tu día en la Palabra de Dios, cavando trincheras de la verdad y encontrando tus declaraciones. Luego escríbelas, piénsalas y confiésalas hasta que las creas.

PARLEZ-VOUS GROESCHEL

Los lingüistas expertos nos dicen que cada noventa y ocho minutos se inventa una nueva palabra.[4] Eso puede hacernos creer que tenemos muchas palabras nuevas, pero aún necesitamos otras que no han sido inventadas, excepto las mías:

- Hoy la gente a menudo trabaja desde una «oficina móvil». Cuando llamas y preguntas en dónde están, contestan: «Bueno, estoy… bueno, en mi oficina... pero mi oficina está en una cafetería». (Dos *lattes* al día cuestan menos que un alquiler). Basta de equivocaciones. Inventemos una palabra: *movicina*, con «v». La *movicina* es tu oficina móvil.

- Probablemente tengas un amigo que siempre tiene el ojo en su Apple Watch (su reloj Apple). Llamemos a esas personas *relojos*. ¿Lo ves? Acabo de inventar otra palabra en menos de noventa y ocho minutos.
- Aquí hay un nuevo verbo: *alexear*. Alexear es obtener información de Alexa. Cuando preguntas: «Alexa, ¿cómo está el clima?», estás *alexeando*.

Puede que necesitemos algunas palabras nuevas, pero la que quiero que comprendas ahora es una palabra real: *automaticidad*, que es la habilidad de hacer cosas sin pensar en lo que se está haciendo. Cuando la repetición permite que una acción se vuelva inconsciente, automática.

Cuando te das una ducha no te preguntas: *¿Qué parte debo lavarme primero? ¿Cómo me lavo el cabello? Hay muchas cosas en qué pensar.* No, te metes en la ducha y haces todo lo que necesitas sin pensarlo. Mientras una parte de tu cerebro se ocupa de limpiarte, otra parte está pensando en el día que viene o en el día qué acabas de tener. Automáticamente.

Pero también debido a la automaticidad sigues haciendo cosas que no quieres. La repetición ha llevado a que las cosas negativas y dañinas se vuelvan automáticas.

La meta de meditar en la Palabra de Dios y en nuestras declaraciones es lograr la automaticidad. Queremos caer en la nueva trinchera, esa que nos llevará a los pensamientos correctos y a las acciones adecuadas. Automáticamente. Una vieja frase dice: «Cuide sus pensamientos, se convierten en sus palabras; cuide sus palabras, se convierten en sus acciones; cuide sus acciones, se convierten en sus hábitos; cuide sus hábitos, se convierten en su carácter; cuide su carácter, se convierte en su destino». La travesía hacia tu destino comienza con tus pensamientos. Los pensamientos correctos llevan a la vida correcta. Automáticamente.

Zig Ziglar dijo: «La repetición es la madre del aprendizaje y el padre de la acción, lo que la hace el arquitecto del logro».

Estudié francés desde el octavo grado hasta el ciclo preuniversitario. Me sentaba en la clase y hacía los exámenes, pero nunca intenté realmente hablar francés.

> « **LA TRAVESÍA HACIA TU DESTINO COMIENZA CON TUS PENSAMIENTOS. LOS PENSAMIENTOS CORRECTOS LLEVAN A LA VIDA CORRECTA.** »

Cuando estaba en el undécimo grado, una estudiante de intercambio de Francia llegó a nuestra escuela. ¡Era preciosa! Supe que si solo podía verme en el estacionamiento, quedaría deslumbrada por mi Buick color marrón sucio. Podría encender los faros delanteros, hacer sonar algo de Huey Lewis («*That's the p-p-power of love*») y ver su corazón ser atrapado por las garras de mis águilas que volaban por encima de los neumáticos.

Por desdicha, nunca coincidíamos en el estacionamiento. Ningún problema. Yo podría impresionarla con mi habilidad para *parlez-vou français*. Después de todo, estaba en el cuarto año de clases de su idioma natal.

Me aproximé a ella un día y traté de hablarle en francés. FUE MALÍSIMO.

Con rapidez descubrí que no podía hablar francés y me encontré haciendo una mala imitación de Pepé Le Pew, diciendo con un patético acento francés: «Oh, *mon chéri*. La devoción. El anhelo.

¿Qué tal si dejas de resistirte a mí y yo dejo de resistirme a ti?». (Si estás por debajo de los... digamos, treinta años, solo busca «Pepé Le Pew» en *YouTube* para familiarizarte con esta ilustración).

Cuando me di cuenta de que no estaba hablando francés sino inglés con un acento cursi cuasifrancés, entré en pánico. Pensé: *¡Di algo en francés, Groeschel!* Repentinamente me encontré diciendo algo acerca de papas a la francesa y hablando elocuentemente de la sopa francesa de cebolla. *No, Groeschel. ¡Te estás muriendo! ¡Haz algo!*

Entonces ella comenzó a hablarme en francés. Escuché y pensé: *¡Oh no! Todo está en francés. ¡Tengo que traducir esto en mi mente al inglés!* Escuché sus palabras y rápidamente traté de pensar en el equivalente en inglés. Luego pensé en inglés cómo quería responder. Luego lo traduje en mi cerebro. Luego, finalmente traté de hablarle en francés: «Entonces, *mon chéri*. ¿Puedo hacerte... un brindis francés?». Fue un verdadero desastre.

Día tras día tuvimos esas bochornosas e incómodas conversaciones que daban vergüenza, hasta que finalmente algo hizo clic. Ella habló en francés y lo comprendí, ¡y luego le respondí en francés! De alguna forma, repentinamente, los cables se me cruzaron (¿o se me descruzaron?) en el cerebro y tuve fluidez (automaticidad) en el francés.

Esa es nuestra meta. (No, no hablar francés). Con la ayuda de Dios, vamos a descruzar los cables. En vez de vivir de la mentira, vamos a abrazar la verdad de Dios. Lo más probable es que sepas incluso lo que es verdad. Pero saberlo no significa que lo creas.

No te rindas. Sigue avanzando. Escríbela, piénsala y confiésala hasta que la creas. Estás recableando tu cerebro. Dios está renovando tu mente. Hasta que un día algo haga clic. Tendrás fluidez en la verdad. Automaticidad. Habrás cambiado tu pensamiento, lo cual cambiará tu vida.

Eso es lo que me sucedió a mí.

DECLARA LA VICTORIA

Como una persona que luchó con el temor en cuestiones de dinero y finanzas, siempre experimenté la temporada de impuestos como un tiempo de gran estrés. ¿Podríamos tener una devolución? *Querido Jesús, ¡que tengamos una devolución!* O ¿vamos a deber dinero? *Querido Jesús, por favor, ¡no permitas que debamos dinero!* Un día, nuestro contador público nos dijo unas pocas semanas antes que estábamos bien y que probablemente tendríamos una pequeña devolución. *¡Sí!* Una semana después se dio cuenta de que había cometido un significativo error. En realidad, íbamos a deber varios miles de dólares. *¡Nooooo!*

No era el fin del mundo. Teníamos suficiente dinero ahorrado para hacer el cheque. En realidad, eso no afectó tanto nuestra vida, pero me hizo entrar en una espiral mental. No podía comer. No podía dormir. No podía hablar del asunto con mi familia.

A las dos de la madrugada estaba acostado en la cama completamente despierto. Estaba asustado, pero estaba sucediendo algo más. Por primera vez en mi vida sentí que me jalaban en la otra dirección, en la dirección correcta. Fue como si casi estuviera «tentado» a confiar en Dios, a creer que iba a estar bien a pesar del golpe financiero.

Así que oré: «Dios, ¿qué hago?». Sentí que él me dirigía a levantarme de la cama. Así que lo hice. Encendí la luz y saqué un libro de mi repisa llamado *El libro de los mártires*, de Foxe.

Es una compilación de historias acerca de mujeres y hombres de Dios extraordinarios, que murieron por tortura simplemente porque seguían a Jesús. Leí historia tras historia de sufrimiento real, todo en el nombre de Cristo. Mientras leía, los versículos de la Biblia que había memorizado saltaron a mi mente. Las declaraciones que había dicho tantas veces comenzaron a hacer eco en mi mente.

El dinero no es y nunca será un problema para mí. Mi Dios es un proveedor abundante que satisface toda necesidad. Debido a que soy bendecido, siempre seré bendición. Marcaré el camino con una generosidad irracional, porque sé que verdaderamente es más bienaventurado dar que recibir.

De repente, el golpe financiero temporal —debido a los impuestos— se desvaneció. Me di cuenta en forma visceral de lo que ya sabía: que mi seguridad no está en el dinero, sino solamente en Dios. Más dinero no me da más paz; más confianza en la bondad de Dios, sí me la da. Eso es exactamente lo que sucedió mientras estaba sentado allí leyendo el libro, me inundó la paz.

Me di cuenta de que todavía no había alcanzado la automaticidad, pero había creado una nueva vía neuronal. Una trinchera de la verdad estaba cortando mi proceso de pensamiento respecto del dinero.

Ahora, años después, sinceramente puedo decir que ya no soy provocado como lo fui por décadas. En vez de enfocarme en ahorrar más dinero, me consumo por dar más. No me malinterpretes. Tengo otros problemas en los que estoy trabajando. Pero siento agradecimiento al decir que mi fe ahora es mayor que mis temores financieros. Mi declaración ya no es simplemente palabras en una página. Ahora me he apropiado de esas palabras. La verdad de Dios está en mi corazón. No es solamente algo que haya leído, sino algo que vivo.

Esto te puede suceder a ti también. Permite que Dios vuelva a cablear tu cerebro y renueve tu mente. Cambiará tu pensamiento y cambiará tu vida.

—— EJERCICIO 6 ——

APRENDE A RUMIAR

EL EJERCICIO DE HOY ES DIRECTO: ELIGE UN VERSÍCULO O pasaje, posiblemente uno que hayas encontrado para una de las verdades en el ejercicio 5, y practica rumiarlo y meditarlo como te enseño en este capítulo.

Unas pocas sugerencias útiles para este proceso son:

1. Observa atentamente cada palabra y cada frase, una por una. No te hagas suposiciones ni evadas ninguna de ellas. Cada una es importante para ti, para el significado general.

2. Escribe tu referencia bíblica en el buscador de internet y busca comentarios bíblicos en línea. Lee lo que algunos de los grandes teólogos han dicho acerca del significado de las palabras hebreas y griegas usadas en tu versículo o pasaje. Este nivel de estudio personal puede darte un nuevo significado y una nueva connotación a medida que trabajas para aplicar la verdad en tu vida.

3. Pide a Dios, el autor de la Palabra, que hable a tu corazón de cualquier cosa específica que él quiera decirte a través de tu versículo o pasaje.

Mi versículo o pasaje:

TERCERA PARTE

EL PRINCIPIO DE LA REESTRUCTURACIÓN

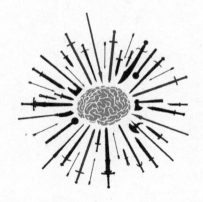

Reestructura tu mente, restaura tu perspectiva

Confía en el Señor con todo tu corazón,
Y no te apoyes en tu propio
entendimiento.
Reconócelo en todos tus caminos,
Y Él enderezará tus sendas.

—PROVERBIOS 3:5-6

CAPÍTULO 7

LENTES Y FILTROS

MI ESPOSA, AMY, Y YO SALIMOS, SE TRATABA DE UNA CITA romántica nocturna. Una buena cena, una conversación significativa, tiempo de calidad. Ahora estábamos en casa y los chicos en la cama u ocupados en algo. Estábamos solos. El estado de ánimo era el adecuado. Amy me miró con sus grandes ojos y dijo, con su voz más sexy: «Craig, ¿qué te sucede? ¡Te ves horrible! El color se te fue. ¡Tu cara está descolorida!».

Primero, me di cuenta de que esa no era su voz sexy.

Segundo, pensé: *Esto no va en la dirección que esperaba.*

Tercero, me pregunté: *¿Pueden ser sus nuevas gafas?*

Amy había visitado al optometrista no mucho tiempo atrás y había elegido sus nuevos anteojos graduados esa tarde. Le dije: «Amy, tal vez si te quitas las gafas».

Se quitó los nuevos anteojos de su bello rostro, me miró y sonrió. «¡Guau! Te ves bien otra vez».

¡Gloria a Dios! ¡Fue ciega, mas hoy puede ver!

«Bueno, tan bien como siempre te ves».

Lo aceptaré.

Descubrimos que Amy no podía verme correctamente porque estaba viéndome a través de unos lentes defectuosos. Sus viejas gafas hicieron imposible que ella pudiera ver la realidad tal y como es.

¿Y si tenemos un problema similar? ¿Y si estamos observando el mundo a través de lentes defectuosos? No seríamos capaces de ver la realidad tal y como es.

Imagina que vas a una fiesta con un amigo. Justo antes de que ambos entren a la casa, tu amigo te agarra, te mira a los ojos y te dice: «Sabes que todos los que están en esta fiesta piensan que eres un idiota, ¿cierto? En serio... bien, ¡vamos!». Tú quedas impactado. No tenías idea de que pensaran de ti así, mucho menos todos los que están en esa fiesta.

Cada cosa en esa fiesta se veía diferente para ti.

Si la anfitriona olvida agarrar tu abrigo, ya sabes por qué. ¡Ella cree que eres un idiota y desea que te vayas!

Si ves a dos personas susurrando y riéndose, ya sabes que están hablando de ti. *¡Qué idiota es!*

Si tu amigo decide irse temprano, ya sabes lo que sucede. ¡Se sintió avergonzado de que lo vieran con alguien tan idiota!

Te vas de la fiesta y tu amigo dice: «¿Te creíste todo eso que dije de que eras un idiota?». Lo miras confundido. Él sonríe con sarcasmo: «¡Entendido!».

En realidad, nadie pensaba que fueras un idiota, pero como supusiste que lo pensaban, miraste a todos a través de ese lente. Recuerda que una mentira creída como verdad afectará tu vida como si lo fuera. Podríamos decir que un lente con una visión distorsionada hará que las mentiras parezcan verdad.

Me pregunto cuán a menudo ves lo que esperas en lugar de lo que realmente está allí, la realidad tal y como es.

YO NO SOY PARCIAL. ¡TÚ LO ERES!

Los psicólogos sociales tienen un nombre para nuestro lente distorsionado. Lo llaman sesgo cognitivo. El término se refiere a un patrón estandarizado y constante de desviación de la realidad en cuanto a cómo vemos y procesamos las cosas. Si tienes un sesgo cognitivo, creas una realidad subjetiva. Esa construcción de tu realidad, no la verdadera realidad, dictará cómo responderás y te comportarás ante el mundo.[5]

Es una forma de pensar erudita sobre el sesgo cognitivo, pero no necesitas explicación. Ves a la gente con un sesgo cognitivo todo el tiempo.

Puede que tengas un jefe que hace los mismos comentarios, de la misma manera, referente a dos empleados. Uno los recibe como una crítica justa y constructiva. «Realmente me ayudó a ver una falla en cómo estoy haciendo mi trabajo. Aprecio la retroalimentación. Esto mejorará mi desempeño en el trabajo».

La otra persona está totalmente ofendida. «¿Quién es ella para venir aquí a decir todo eso? ¿Quién se cree que es? ¿Quiere retroalimentación? ¡Yo le voy a dar su retroalimentación!».

¿Cuál es la diferencia? El sesgo cognitivo.

Quizá uno de los padres de la segunda persona era ofensivo y exigente, y ahora ve a cada figura de autoridad a través de ese lente.

Dos personas entran al mismo servicio de adoración juntas. La primera cree que los cristianos son hipócritas y que las iglesias siempre están tras su dinero, especialmente las megaiglesias, en las que «todo se trata de números».

La segunda te diría que los cristianos no son perfectos, pero que lo intentan y que la mayoría tienen buenas intenciones. Ella cree que Dios está vivo y que obra en toda clase de iglesias.

Esas dos personas experimentarán exactamente el mismo servicio, pero con diferentes percepciones. ¿Por qué? Lo que difiere no son los hechos, sino el filtro.

Los estudios muestran que el sesgo cognitivo puede afectar el punto de vista que la persona tiene acerca de Dios. Tu relación con tu padre terrenal, a menudo, influye en la manera en que percibes a tu Padre celestial. Si tuviste un buen padre, una persona comprometida y llena de compasión será más fácil ver a Dios como alguien relacional y al que le importan los detalles de tu vida. Si tuviste un padre ausente o abusivo, es más probable que pienses en Dios como alguien distante y desinteresado. El mismo Dios. Diferente filtro.

Tú puedes reconocer el sesgo cognitivo en otros, pero ¿puedes reconocerlo en ti?

Parte del problema es que tendemos a no ver nuestros propios sesgos cognitivos, porque si supiéramos qué es un sesgo, no lo tendríamos.

Por eso es tan importante pensar acerca de lo que piensas. No puedes derrotar a un enemigo que no puedes definir. Hazte preguntas penetrantes para explorar por qué piensas lo que piensas.

A medida que he practicado estas disciplinas durante los últimos años, he descubierto mi sesgo cognitivo en cuanto a que creo que no soy suficiente y que necesito probarme a mí mismo. Y en cuanto a pensar que no tengo lo suficiente y que necesito tener más para proveer seguridad financiera.

¿Qué ocurre contigo? ¿Cómo bloquea el sesgo cognitivo tu camino al progreso?

Y lo que es más importante, ¿qué vas a hacer al respecto?

Trabajemos en definir nuestros sesgos cognitivos de manera que podamos derrotarlos.

OBSESIONADO CON EL CONTROL

Hola, mi nombre es Craig y soy fanático del control.

Eso no es un sesgo cognitivo; solo es un hecho. Cuando digo que soy controlador, realmente quiero decir que *lo soy*. Ven a mi casa y confirma quién tiene el control remoto. Yo, yo soy el que lo tiene. Si nuestro televisor está encendido, yo tengo el control remoto. ¿Por qué? Porque Dios me ordenó manejar ese llamado espiritual especial. Mi familia quiere ver lo que hay, pero solo yo tengo el don divino de preocuparme más por *aquello* que se debe ver. Porque el favor de Dios está sobre mí, somos capaces de ver de doce a catorce programas al mismo tiempo. ¿Por qué? Porque yo controlo al control remoto.

> « POR ESO ES TAN IMPORTANTE PENSAR ACERCA DE LO QUE PIENSAS. NO PUEDES DERROTAR A UN ENEMIGO QUE NO PUEDES DEFINIR. »

Súbete a un automóvil conmigo y verás quién es el que maneja. Yo. No importa quién más esté en el automóvil o de quién sea. Yo soy el que maneja. Sí, yo conduciré tu auto. Y si por alguna razón del fin de los tiempos y alguna señal del Apocalipsis alguien más está conduciendo el automóvil, hay una buena probabilidad de que yo tome el volante desde mi asiento y me encargue del asunto. ¿Crees que estoy bromeando? No bromeo; soy controlador.

¿Hay algunas formas en las que eres controlador? ¿Cómo responderían tu familia o tus amigos al respecto? Quizá uses psicología inversa con tus hijos, tal vez le hagas indirectas no tan sutiles a tu cónyuge acerca de tus expectativas para su aniversario, o humildemente le presumas a tu jefe para asegurarte de obtener el crédito por un trabajo del cual él ni siquiera sabía. Todos esos son asuntos de control.

He aquí el problema: tener el control es una ilusión.

No me gusta admitirlo, pero no puedo controlar lo que me sucede, y no puedo controlar lo que me sucederá.

Tú tampoco. No importa qué tanto lo intentes, no puedes controlar lo que ha sucedido en el pasado ni lo que sucederá en el futuro. Esas son malas noticias, pero aquí tenemos las buenas.

No puedes controlar lo que ha sucedido o lo que sucederá, pero puedes controlar cómo lo percibes.

Los psicólogos sociales tienen un nombre para cuando tomamos el control de cómo percibimos las cosas. Lo llaman reestructuración cognitiva.[6] Es cuando aprendemos a identificar y corregir el pensamiento irracional. Podemos decir que eso sucede cuando le quitamos la parcialidad a nuestro sesgo.

Nuestro marco es cómo vemos las cosas. Es el sesgo cognitivo a través del cual miramos e interpretamos lo que sucede. Reestructuración es cuando decidimos que no vamos a aferrarnos a percepciones antiguas que han trabajado en nuestra contra. Vamos a elegir una forma de pensar diferente, más piadosa, más productiva.

Los expertos en el mundo psicoterapéutico hablan de los pasos que nos ayudan a reestructurar, a tomar el control de nuestros pensamientos y a vencer nuestro sesgo cognitivo, tales como:

- *Mantente en calma.* Si reaccionas, probablemente lo harás de la forma en que siempre has reaccionado.
- *Identifica la situación.* Exactamente ¿qué está sucediendo en realidad?
- *Identifica tus pensamientos automáticos.* Si algo en mi casa se avería y yo sé que la reparación será costosa, mi respuesta automática es entrar un poco en pánico. Pero dado que no puedo controlar lo que se descompone, puedo controlar cómo lo percibo. Así que en vez de simplemente pensar en automático, identifico ese pensamiento. Puedo llevar cautivo ese pensamiento a la obediencia a Cristo. Luego doy un paso adicional:
- *Encuentra pruebas objetivas de apoyo.* Quiero tratar con la realidad, por lo tanto busco información objetiva sobre la cual basar mi pensamiento, tal como: las cosas se van a averiar. A la larga sucederá. Esa es la razón por la que tienes un fondo de emergencia. Solo llama a alguien para que lo arregle. No hay razón para ponerse como loco.

> « **NO PUEDES CONTROLAR LO QUE TE SUCEDE, PERO SÍ PUEDES CONTROLAR CÓMO LO ESTRUCTURAS.** »

Tú puedes dar esos mismos pasos. No puedes controlar lo que te sucede, pero sí puedes controlar cómo lo estructuras.

El MÁS GRANDE reestructurador de la historia fue el apóstol Pablo.

Pablo tenía un plan estratégico para hacer avanzar el evangelio: ir a Roma. Si podía llegar a Roma y predicar de Jesús a los líderes de allí, la ciudad se convertiría en un punto de partida para extender el evangelio a todo el mundo.

Cuando finalmente llegó a Roma, Pablo no fue a hablar de Jesús con los oficiales del gobierno. Llegó como prisionero. Estaba bajo arresto domiciliario, encadenado a un contingente rotativo de guardias, esperando una posible ejecución. Pablo oró por una oportunidad, pero esta no llegaba.

Las circunstancias de Pablo estaban fuera de su control. Las circunstancias casi siempre están fuera de nuestro control.

Tú has pasado por lo que Pablo pasó.

Has pensado: *Si tan solo obtengo ese título, conseguiré ese trabajo.* Obtuviste el título, pero no el trabajo.

Planeaste estar casado o casada para este tiempo, pero no has encontrado a la Señora Correcta o al Señor Perfecto.

O encontraste y te casaste con la persona correcta, pero todo salió mal. Esa no es la forma en que la vida debía ser.

Has estado orando por años por tu hijo pródigo, pero Dios no ha respondido esa oración.

Pablo estaba en la misma situación, en circunstancias que no deseaba y que no podía controlar. Entonces le escribió a la iglesia de Filipos acerca de lo que estaba sucediéndole. ¿Qué podía haber dicho? Podía haber escrito: «Quiero que sepan, hermanos, que lo que me ha sucedido realmente es terrible. Quería extender las buenas nuevas por medio de la predicación a los oficiales de gobierno, pero eso no ocurrió. Como resultado de este infierno que he estado atravesando, he pensado que la oración no funciona y que, por lo tanto, nunca más voy a regresar a la iglesia».

Pero eso no fue lo que Pablo escribió. Pudo haber sido eso, pero no lo fue. Recuerda, Pablo no podía controlar lo que le sucedía, pero podía controlar cómo lo estructuraba. He aquí lo que realmente escribió a los filipenses: «Además, mis amados hermanos, quiero que sepan que todo lo que me ha sucedido en este lugar ha servido para difundir la Buena Noticia. Pues cada persona de aquí —incluida toda la guardia del palacio— sabe que estoy encadenado por causa de Cristo; y dado que estoy preso, la mayoría de los creyentes de este lugar han aumentado su confianza y anuncian con valentía el mensaje de Dios sin temor» (Filipenses 1:12-14, NTV).

Pablo estaba diciendo: «¡Yo tenía un plan, pero Dios tenía uno mejor que el mío! Esta es una forma totalmente diferente de hacer avanzar el evangelio de lo que yo estaba pensando. Dios me ha bendecido con guardias en la prisión que están encadenados a mí. ¡No tienen otra opción que escucharme hablar de Jesús! ¡A estos soldados los escuchan líderes de influencia! Y escuchen esto, ¡cada ocho horas me encadenan a un nuevo guardia! Y ellos creen que el prisionero soy yo. ¡Ja! Dios se está moviendo. ¡No puedo esperar para ver lo que va a hacer a continuación!».

No puedes controlar lo que te sucede, pero puedes controlar cómo lo estructuras.

La tercera herramienta para cambiar tu pensamiento es el principio de la reestructuración: reestructura tu mente, restaura tu perspectiva. (La primera herramienta es el principio del reemplazo: desecha las mentiras, reemplázalas con la verdad. La segunda herramienta es el principio de renovación de la conexión:

renueva la conexión de tu cerebro, renueva tu mente). La reestructuración ha cambiado mi pensamiento y ha cambiado mi vida.

Reestructurar tu pasado, y estructurar previamente tu futuro, te cambiará la vida.

— EJERCICIO 7 —

SESGO COGNITIVO, CONTROL Y REESTRUCTURACIÓN

PARA NOSOTROS PUEDE SER DIFÍCIL IDENTIFICAR EL sesgo cognitivo en nuestro propio ser. Pero examinar esas áreas y tomar conciencia de nuestros pensamientos y creencias a este grado puede ayudarnos a ganar la guerra en nuestras mentes.

En este ejercicio, escribe cualquiera de los sesgos o puntos de control en los que puedas haber pensado mientras leías el capítulo. Considera hablar con tu cónyuge, ser querido o amigo y pedirles que te ayuden a identificar algunos de los que ellos hayan podido ver en ti. No los estás invitando a la crítica; estás buscando la oportunidad de eliminar los puntos ciegos y de crecer. Finalmente, ora, piensa y escribe algunas maneras potenciales en las que puedes reestructurar tus sesgos o áreas de control.

Mis sesgos cognitivos:

Áreas de control sobre personas, lugares o circunstancias:

Formas en las que puedo reestructurar los sesgos y problemas de control:

CAPÍTULO 8

LO QUE DIOS NO HIZO

CUANDO ESTABA EN LA SECUNDARIA, EN LA PISTA DE patinaje en línea, el *discjockey* (o pinchadiscos) ponía canciones de J. Geils Band. Un gran éxito de J. Geils para cantar mientras patinas era Freeze-Frame. La canción incluía letras a nivel shakespeariano como: «Es como la helada, ella es una brisa». La canción trataba de la forma en que disfrutas tanto un momento que te gustaría quedarte en él para siempre.

Hay momentos especiales en la vida en los que nos gustaría quedarnos para siempre.

Hay momentos tristes en la vida en los que podemos quedarnos atorados por siempre. Esos no son los momentos que queremos congelar, pero muy a menudo lo hacemos. Esos momentos formativos pueden convertirse en los lentes a través de los cuales tenemos lo que sucede por el resto de nuestra vida. Forman nuestro sesgo cognitivo, la estructura que usamos para definir nuestra realidad. Necesitamos descongelar nuestras estructuras.

Necesitamos regresar y volver a escribir la historia que nos hemos estado contando.

¿Y cómo reestructuramos nuestro pasado?

Agradezcamos a Dios por lo que no hizo.

Busquemos la bondad de Dios.

Este es el capítulo más corto del libro, pero puede ser uno de los más poderosos. He aquí la razón: reestructurará tu pasado. Agradecer a Dios por lo que ha hecho es fácil para la mayoría de nosotros. Pero he aprendido también a agradecerle por lo que no ha hecho.

Descubrir esas bendiciones puede requerir de un largo tiempo, pero en el momento en el que finalmente las descubres… ¡guau!, te impresionan. A continuación tenemos un ejemplo de mi vida.

Mi papá jugó béisbol profesional. Yo nací y fui criado para ser jugador profesional de béisbol. A la mayoría de los niños les dan leche y cereales Cheerios. A mí me daban Gatorade y semillas de girasol.

> « NECESITAMOS REGRESAR Y VOLVER A ESCRIBIR LA HISTORIA QUE NOS HEMOS ESTADO CONTANDO »

Con buenos genes de béisbol y gran entrenamiento, parecía tener un verdadero futuro en el juego de pelota profesional. Hasta que ocurrió el accidente.

Estaba en el octavo grado. Mi equipo de béisbol era el mejor de nuestra liga. Habíamos llegado hasta el campeonato y nuestro entrenador me dijo que yo podría ser el lanzador inicial en el gran partido.

La noche anterior fuimos a la jaula de bateo. Normalmente bateaba en una que era apropiada para mi edad. Esa noche me estaba sintiendo un gran jugador, resultado de un experimento científico que combinaba los genes de George Brett, Mike Schmidt y Wade Boggs. Sí, yo era George Schmoggs. Decidí ir a la jaula de bateo que tenía el lanzamiento más rápido, destinado a los jugadores de nivel universitario y a los que aspiraban a ser semi-profesionales. Pero yo estaba seguro de que estaba listo. Pensé: *King Kong y Barry Bonds no me llegan ni a los talones.*

El primer lanzamiento fue adentro y, antes de que pudiera apartarme, me aplastó contra el bate la mano con la que lanzaba. Tenía rotos los dedos, hechos añicos.

De más está decir que no fui el lanzador al día siguiente. No pude jugar por largo tiempo.

El béisbol era todo para mí, así que sentí que mi vida se había hecho añicos al igual que mi mano. No podía comprender cómo Dios podía dejar que me sucediera algo como eso. Por dentro estaba hecho una furia.

Entonces nuestra familia se mudó a otra ciudad. Cuando eres adolescente, las mudanzas te molestan. Perder a tus amigos y tener que hacer nuevos no es divertido. No solamente nos mudamos; nos mudamos a Ardmore, Oklahoma. ¿Quieres saber por qué se conoce Ardmore? Si estás conduciendo desde Dallas, Texas, hasta Oklahoma City, Ardmore es donde se detienen las personas para ir al baño. Exacto. Nos movimos al pueblo de la «escala técnica».

Cuando nos mudamos a Ardmore no era temporada de béisbol. Era temporada de tenis. *¿Tenis? No, gracias.* No sabía nada de tenis, excepto que ese tipo, Andre Agassi, parecía tener un cabello majestuoso y usaba pantalones cortos de mezclilla en sus partidos. No estaba interesado en jugar tenis.

Excepto... que había una linda chica en el equipo. Entonces... ¿tenis? *Seguro, jugaré tenis.*

Para que quede claro, no era la estudiante de intercambio de Francia. Esto fue tres años antes de ella. La jugadora de tenis era solamente una chica normal y linda de Oklahoma. Dado que no hablaba francés y yo no tenía un asombroso Buick con alerón, tenía que impresionarla con mi habilidad para jugar tenis. Excepto que nunca lo había jugado. Con todo, lo intenté y, asombrosamente, logré entrar en el equipo.

Seis personas calificaron para competir en el equipo itinerante. Yo era el número seis, el último chico en entrar en el equipo. Cuando llegó la temporada de béisbol, mi plan era dejar el tenis y regresar al deporte que amaba. Pero pensar que el lanzamiento se dirigiera hacia mí me recordaba los dedos rotos. Así que decidí que tomarme un año de descanso sería bueno para mí. Me quedé con el tenis y quedamos en segundo lugar del estado ese año.

La siguiente temporada algunos chicos se habían graduado y yo había mejorado, de modo que de alguna forma terminé ganando el primer lugar en el equipo. Ese año ganamos el campeonato estatal. Seguí jugando tenis por el resto de la escuela.

Después de la graduación recibí una beca de tenis que cubría toda la carrera para una universidad a la que, de otra forma, no hubiera ido. En esa universidad fue donde caí profundamente en pecado y donde encontré a Jesús de una manera que transforma vidas. Mucha gente comenzó a burlarse de mí por ser un fanático de Jesús. En una ocasión, una chica dijo: «Eres un loco por Jesús. Hay una chica en otra escuela que es una loca por Jesús como tú. Se llama Amy. Ustedes dos deberían conocerse y casarse».

Eso es exactamente lo que ocurrió. ¡Pum!

¿Y por qué sucedió eso?

Por lo que Dios no hizo. No contestó mi oración de protegerme y de prepararme para el juego de campeonato de béisbol. Debido a lo que Dios no hizo, obtuve una beca completa en el tenis, un deporte que jamás planeé jugar, en una universidad a la que nunca planeé asistir, ¡en donde conocí a Jesús y a mi esposa!

Unos años después, Amy y yo comenzamos *Life.Church*. También comenzamos a tener bebés. Muchos.

Gracias a Dios por lo que no hizo. A continuación tengo otra historia.

CAMBIO DE PARADIGMA PASTORAL

Amy entró en trabajo de parto con Sam, nuestro cuarto hijo de seis, a las cinco en punto un domingo en la mañana. Enfrenté lo que parecía una elección imposible. Tuve que predicar la noche anterior en nuestro servicio vespertino sabatino.

Ahora no había forma de que pudiera estar ahí para predicar sin abandonar a Amy y perderme el nacimiento de mi hijo, nada de lo cual quería hacer. Era demasiado tarde para pedirle a alguien que hablara en mi lugar. No sabíamos qué hacer. Me pregunté: *¿Por qué, Dios? ¿Por qué este bebé no podía nacer cualquier otro día a cualquier otra hora?*

Sintiéndome desesperado, decidí mostrar el video del sermón del servicio vespertino del sábado. Nuestro equipo pensó que la gente nos perdonaría por mostrar la enseñanza del sábado en la pantalla, esperando que pudieran comprender, dado que Amy y yo estábamos en el hospital con un bebé.

¡Mostramos el video y la gente ni pareció notarlo! La respuesta fue grandiosa. Incluso más personas llegaron a Cristo que en un domingo habitual. Comenzamos a preguntarnos: *Espera, ¿podrían los sermones en video funcionar como estrategia? ¿Podríamos comenzar nuevas ubicaciones de la iglesia y mostrar el mensaje en video?*

Hoy, *Life.Church* tiene más de treinta y cinco sedes que se reúnen en once estados. Decenas de miles de personas son impactadas por el evangelio en todo el país, y cientos de miles a nivel global a través de Church Online.

¿Por qué?

Porque Dios no respondió la oración para que Sam naciera en un día diferente de la semana a una hora distinta. Nuestro hijo nació una mañana dominical de una mujer que conocía por qué Dios no respondió mi oración de volverme un jugador profesional de béisbol y, en lugar de eso, me envió a una universidad con una beca para jugar tenis.

Estoy muy agradecido por lo que Dios no hizo en mi vida.

> **ALGUNAS VECES NECESITAMOS AGRADECER A DIOS POR LO QUE NO HIZO. DESARROLLAR ESA DISCIPLINA NOS AYUDA A REESTRUCTURAR NUESTRO PASADO.**

¿No te ocurre lo mismo? Piensa en algunas de las cosas que has querido y en algunas oraciones que hayas hecho. ¿No estás feliz con que Dios no haya hecho lo que tú esperabas que hiciera?

Piensa en algunas de las peores circunstancias que has atravesado. Nunca las hubieras elegido, y tal vez oraste para que Dios te sacara de ellas, pero ¿no te ayudaron a crecer en formas que fueron cruciales para lo que eres hoy?

Piensa en algunas de las mejores partes de tu vida en este momento.

¿No son algunas de ellas cosas que jamás imaginaste o planeaste, pero que fueron fortuitas estrellas fugaces que llegaron a tu vida por el Padre de las luces?

Algunas veces necesitamos agradecer a Dios por lo que no hizo. Desarrollar esa disciplina nos ayuda a reestructurar nuestro pasado. ¿Por qué? He aquí el porqué: «Porque Mis pensamientos no son los pensamientos de ustedes, ni sus caminos son Mis caminos», declara el Señor. "Porque *como* los cielos son más altos que la tierra, así Mis caminos son más altos que sus caminos, y Mis pensamientos más que sus pensamientos"» (Isaías 55:8-9).

Somos sabios cuando confiamos en que él está obrando, incluso cuando no estamos conscientes de ello. También somos sabios cuando confiamos en que él está obrando, incluso cuando no es la forma en que queremos que lo haga. Porque en vez de sentirte víctima de circunstancias aleatorias en un mundo caótico, ves que tienes un Dios que te ha protegido, a menudo de ti mismo, en formas que ni siquiera te percataste.

Es lógico: si Dios sabe más de lo que nosotros sabemos (y sí lo sabe), entonces definitivamente habrá veces en las que pidamos cosas que él sabe que no son buenas para nosotros. En su bondad, entonces, él dice que no a esas solicitudes. El problema está en que nunca pensamos que estamos pidiendo algo que no es bueno para nosotros. Yo sabía que necesitaba jugar béisbol en la preparatoria. Y Dios fue lo suficientemente misericordioso para decir que no.

Ahora, cuando pienso en entrar a esa jaula de bateo, tengo una perspectiva diferente de la que tenía una semana después de que se me fracturaran los huesos. Lo que sucedió ese día sigue siendo lo mismo, pero el significado ha cambiado debido a la reestructuración.

—— EJERCICIO 8 ——

ORACIONES NO CONTESTADAS

HAZ MEMORIA DE TU VIDA, DE TUS ESPERANZAS, SUEÑOS, deseos y relaciones del pasado. Piensa en algunos «si hubiera» en una forma positiva y buena. Trata de recordar situaciones (como los dos ejemplos personales que te di) de tu vida en las que Dios no haya contestado tus oraciones o permitido que tus sueños se hayan hecho realidad. Mira esas situaciones a través del filtro de que él supo siempre lo que era mejor para ti. Esto puede resultar sorprendente y revelador en cuanto al profundo amor que tu Padre celestial tiene por ti.

Te agradezco Dios porque no hayas:

CAPÍTULO 9

BONDAD COLATERAL

¿CÓMO REESTRUCTURAMOS NUESTRO PASADO?

Agradezcamos a Dios por lo que no hizo. Busquemos la bondad de Dios.

Practiquemos la gratitud como consecuencia de la actividad de Dios en nuestra vida.

¿Has escuchado la expresión «daño colateral»? Considera esto como la bondad colateral de Dios. Como cualquier buen hábito, buscar la bondad colateral de Dios requiere práctica.

Si buscas lo malo, hallarás lo malo. Si buscas lo negativo, encontrarás mucho por lo cual ser negativo. Si buscas cosas para criticar, siempre habrá algo que criticar.

Por otro lado, si buscas la bondad de Dios, la encontrarás. Comenzarás a ver sus huellas y de vez en cuando sentirás como que le estás guiñando un ojo. Cuando prestes atención a cómo Dios está trabajando, también te hallarás viendo lo bueno en las personas. Esta práctica cambiará tus relaciones. Tu actitud será transformada y la actitud correcta siempre precederá a las acciones correctas.

Hay una historia de un joven que estaba en un punto crítico respecto de su futuro y no sabía qué dirección tomar. Su mamá le dijo que debía visitar a un pastor jubilado, quien por muchos años había vivido a unas pocas casas de distancia. Casi sin conocerlo, pero desesperado por recibir ayuda, accedió. Cuando la discusión finalmente giró en torno a la fe, el joven dijo: «El problema que tengo es que simplemente no puedo ver a Dios en este mundo». El anciano pastor respondió tierna pero confiadamente: «Bueno, hijo, yo tengo un problema muy diferente. Cuando miro a ese mismo mundo, no puedo *dejar de* verlo».

Tú encuentras lo que buscas.

Por desdicha para mí, buscar la bondad de Dios ha sido una lucha. La negatividad y la falta de gratitud han sido otra fortaleza en mi vida. Insisto, este soy yo siendo sincero. Detesto admitir esto ahora, pero por años me quejé con mi esposa: «No tengo vida». Me quejaba: «Amy, tengo que trabajar todos los fines de semana, mientras que todos los demás salen a divertirse. ¡Y hasta tengo que trabajar en vacaciones! Todos los demás descansan en las vacaciones. Y no puedo estar en público jugando con mis hijos en el parque, porque muchas personas ahí me conocen por nuestra iglesia. Y también tengo una familia grande, y mi baño ni siquiera tiene puerta. No he ido solo al baño en años. No tengo vida». Refunfuñaba: «Todo lo que hago es iglesia y familia, familia e iglesia. Iglesia y familia, familia e iglesia. No tengo vida».

Un día, Amy me miró (ya tenía nuevas gafas) y dijo, con sinceridad y sin sarcasmo: «Me siento muy triste por ti». Pensé: ¡Sí, *es triste que no tenga vida!* Pero ella continuó: «Estoy triste por ti porque todo lo que yo tengo es iglesia y familia. Esa es mi vida también. Pero me encanta».

¡Ay! Si huele a humo en este momento, es mi autocompasión quemándose.

Pensé en ello y me di cuenta de que si regresaras el reloj quince años y me pidieras que diseñara mi vida, no podría imaginarme algo tan bueno como mi realidad. No podría haber elegido una esposa tan extraordinaria como Amy. No podría haberme imaginado tantos niños geniales corriendo por mi casa. No podría haber soñado con una iglesia tan asombrosa. Tengo la vida más grande y bendecida de todas las personas que conozco. Y escucha, ir solo al baño está sobrevalorado de todas formas.

En ese momento después de sentir la visceral franqueza de Amy, decidí tomar cautivo mi pensamiento —*No tengo vida*— y hacerlo obediente a Cristo. Encontramos aquello que estamos buscando y nos reestructuramos al buscar la bondad de Dios.

Decidí que buscaría su bondad y que sería agradecido. Por supuesto, el cambio no fue inmediato. Pero, con el tiempo, ¡la reestructuración funcionó! Buscar la bondad de Dios transformó mi actitud. Dejé de sentir lástima por mí mismo y comencé a sentirme satisfecho, incluso sorprendido por la vida que Dios me dio.

> « ENCONTRAMOS LO QUE ESTAMOS BUSCANDO Y NOS REESTRUCTURAMOS AL BUSCAR LA BONDAD DE DIOS. »

Excepto por los lunes; me encantaba mi vida.

ES VIERNES, PERO SE ACERCA EL LUNES

Mis fines de semana son agotadores. Los sábados entro en confinamiento espiritual. Al igual que un atleta el día del partido, enfoco mis energías en el mensaje que predicaré el sábado y el domingo en nuestros servicios de la iglesia. Cuando estoy predicando en la congregación, me pongo muy intenso. Me siento espiritualmente en armonía con lo que Dios está diciendo y haciendo y en donde él está trabajando. Cuando miro a la gente, fijo los ojos en ellos. ¡Da un poco de miedo! Predico múltiples veces en varios servicios, lo que es tanto estimulante como agotador.

Al final, el domingo por la tarde, me derrumbo.

Los lunes todavía estoy casi muerto, tratando únicamente de recuperarme. Los lunes a menudo son días oscuros. Me duele la cabeza. Me siento desorientado. No puedo tomar decisiones sabias. Así que llegué a la conclusión, hace mucho tiempo, de que debo soportar este día. El valle de los lunes es el precio que pago por la cima de la montaña de los sábados y domingos.

Un lunes en particular me levanté temprano e hice mi estudio bíblico personal. No porque quisiera, sino porque se supone que debo hacerlo. Leí un versículo que ya había leído cientos de veces. Pero esa fue la primera vez que lo leí un lunes. Se trata del salmo 118:24: «Este es el día que el SEÑOR ha hecho; regocijémonos y alegrémonos en él». Solo que esta vez no leí el versículo; el versículo me leyó a mí. Me di cuenta de que los lunes son de Dios. Él los hizo. No tengo que calificar cada lunes como un día malo. Puedo «regocijarme y alegrarme en él». Después de todo, Dios hizo los lunes tal como hizo los otros seis días.

Decidí reestructurar mis lunes, comenzando ese día. En mi camino al trabajo, todo el trayecto hice mi nueva declaración usando esta verdad de la Palabra de Dios recién aplicada: «Este es el día que el Señor ha hecho. Me regocijaré. Me alegraré en él. Buscaré la buena mano de Dios. Veré su favor en acción».

Adivina lo que sucedió. Ese lunes fue un día mejor. No perfecto, pero mejor. Desde entonces, he reestructurado ese día buscando la bondad de Dios, y los lunes siguen mejorando.

Encontramos aquello que estamos buscando y nos reestructuramos al buscar la bondad de Dios.

Insisto, quiero ser sincero contigo: esto no es fácil. Bueno, puedo decir que no ha sido fácil para mí. Seguro, he progresado, pero siempre hay algo que me hace volver a mi antigua manera de pensar. Esa es la naturaleza de una fortaleza; derribarlas requiere poder divino y continua disciplina mental. Y algunas caen más lentamente que otras. A menudo he encontrado que cuando pienso que tengo la victoria y que la batalla se ha ganado, aún tengo que batallar.

ENTREGA DIVINA

Esto se volvió una realidad para mí cuando salió mi libro *Esperanza en la oscuridad*. Ese libro me llega especialmente al corazón porque cuento el dolor que mi familia ha estado atravesando. Estaba muy emocionado por el lanzamiento del libro, creyendo que podría ayudar a la gente a encontrar esperanza y sanidad para sus heridas.

Después del lanzamiento, *Esperanza en la oscuridad* se agotó en dos días. ¡No hubo ejemplares físicos del libro disponibles hasta el siguiente mes! Podrás pensar: *Oh, bueno, ¡gloria a Dios, Craig, porque tu libro se vendió tan bien!* Pero no; estaba molesto porque los impresores no habían podido suplir la demanda. Convencido de que la falta de disponibilidad podía frenar el impulso. No estaba buscando la bondad de Dios; simplemente estaba disgustado.

Pero entonces escuché a Rance y Heather. Heather, que tenía treinta años, había estado enferma con severos problemas físicos. Casi había muerto, pasó tres meses en el hospital, pero se recuperó. Regresó a casa con Rance y su hijo, Boston, pero pronto enfermó nuevamente. Un día Rance halló a Heather inconsciente, y nunca recuperó la conciencia. Murió a la joven edad de treinta y ocho. Resulta que Heather había ordenado un libro en Amazon que no estaba disponible, pero que finalmente fue entregado la semana entre su muerte y el funeral.

Su esposo, Rance, abrió el paquete cuando llegó y halló un libro: *Esperanza en la oscuridad: Creer que Dios es bueno cuando la vida no lo es.* Rance, que acababa de perder a su esposa y se quedó solo para criar a su hijo, que debía estarse preguntando por qué Dios permitiría que eso sucediera, pensó: *¡Vaya! Dios aún está conmigo. Se preocupa tanto por mí que hizo que entregaran este libro en el tiempo perfecto.*

Incluso en medio de un acontecimiento terrible, ahí estaba la bondad colateral de Dios. Y para beneficio de Rance, porque estaba buscando a Dios y pudo verlo cuando leyó el título del libro.

Yo creí que el hecho de que el libro estuviera agotado era el peor resultado posible. Había orado para que Dios hiciera llegar los libros a la gente pronto. Pero el tiempo de Dios es perfecto. Una vez más tuve que agradecer a Dios por lo que no hizo y por darme cuenta de que había estado ignorando la bondad de Dios.

¿Necesitas reestructurar tu pasado? ¿Necesitas agradecer a Dios por lo que no hizo y comenzar a buscar su bondad?

Tú puedes ser libre. Libre de ser perseguido por cosas que has hecho y por cosas que te han hecho. Libre de actitudes que te han mantenido encadenado a tu pasado. Libre de los surcos de los hábitos autodestructivos.

¿No te gustaría ser libre? Puedes serlo. Reestructura tu vida y experimenta las bendiciones de la bondad colateral de Dios.

PREESTRUCTURA TU FUTURO

Siempre hallarás lo que estás buscando.

Piensa en la diferencia que hay entre un buitre y un colibrí.

Los buitres se elevan en el cielo, buscando. ¿Qué encuentra el buitre? Cosas muertas. La fea y descomunal ave no se detiene hasta que encuentra un animal muerto en la carretera. Los buitres pueden oler una criatura muerta a más de un kilómetro de distancia y se ha sabido que viajan de cincuenta a noventa kilómetros para hallar comida podrida.

Ahora contrasta al buitre con el diminuto colibrí. Con las alas batiéndose a veinte veces por segundo, ¿qué encuentra esa pequeña ave? No carne muerta, asquerosa y rancia, sino néctar dulce y vivificante.

Todos los días, cada ave halla lo que está buscando.

Lo mismo ocurre contigo. Siempre hallarás aquello que estás buscando.

Cuando reestructuramos lo que ocurrió en nuestro ayer, eso cambia nuestro hoy. Somos capaces de experimentar la vida sin el negativo y viejo sesgo cognitivo y comenzamos a ver a través de los lentes de la bondad de Dios.

Así como podemos reestructurar, también podemos preestructurar.

Preestructurar es escoger cómo veremos algo antes de que suceda. En lugar de llegar a ese punto y permitir que la antigua forma de mirar las cosas tome el control, llevándome a interpretar lo que pudiera ser positivo como negativo, yo —en forma proactiva— escojo la estructura que usaré para evaluar mi experiencia.

La primera vez que aprendí a preestructurar fue con mi entrenador de tenis en el preuniversitario. Como mencioné, al inicio de mi carrera de tenis fui al campeonato estatal. De alguna manera llegué a los cuartos de final, jugando contra Mandi Ochoa. Él estaba en el último año. Yo estaba en el segundo. Él era una leyenda. Yo no era nadie. Él estaba clasificado en el número cuatro del estado. Yo no estaba clasificado en nada. Aparentemente no tenían números suficientes para clasificar a alguien como yo.

Pero mientras jugábamos, ¡lo tuve contra las cuerdas! Nos dividimos los sets. El público se entusiasmaba. Se les oía murmurar: «¿Quién es ese niño que va a destronar a Mandi Ochoa? ¿Vieron el alerón y las águilas en su genial automóvil marrón? ¡Este chico sin clasificar podría ganar el campeonato estatal! Hacía sonar a la banda musical Duran Duran cuando llegó. ¡Está hambriento cual lobo! Pero ¿por qué tenía las luces delanteras encendidas a media tarde?».

> « CUANDO REESTRUCTURAMOS LO QUE OCURRIÓ EN NUESTRO AYER, ESO CAMBIA NUESTRO HOY. »

Tenía a Ochoa perdiendo cinco juegos a uno en el último set. El recuento del juego era de 40 a 0. Un punto más y la victoria sería mía.

En el último set, tuve siete puntos de partido. Punto de partido significa que si ganas el punto, ganas todo el partido. ¡Siete veces tuve puntos de partido! ¡Siete oportunidades para derrotar al jugador número cuatro del estado!

Perdí los siete. Iba ganando cinco juegos a uno en el tercer set y perdí siete a cinco.

Me apodaron Craig «Fracaso» Groeschel. En Oklahoma, la gente comenzó a decir: «Si los partidos se ponen difíciles, Craig perderá. Es Craig "Fracaso" Groeschel».

Puede que quieras tomar nota de eso. Es muy significativo. El marco a través del cual miras el mundo puede no ser el que tú elegiste. Algunas veces otras personas te lo imponen.

- Tu padre te dijo que nunca conseguirías nada.
- Tu madre te hizo sentir poco atractiva y con sobrepeso incluso cuando perdiste peso.
- Los chicos de la escuela te dijeron que aceptaras el hecho de que eres un perdedor.
- Un abuelo insistía en que solo la gente rica es importante.

Tal vez tengas un sesgo cognitivo construido por otra persona. Y aceptaste lo que te dijeron como la verdad y, aunque era mentira, desde entonces ha afectado tu vida como si fuera verdad.

Cuando toda la gente del circuito de tenis de Oklahoma comenzó a decir: «Craig falla en los grandes partidos», mi entrenador decidió poner un alto a lo que sabía solo iba a limitarme. Me miró a los ojos y dijo: «¡No!, eso no es cierto, Craig. No te adueñes de esa etiqueta». Explicó: «Ahora tienes más experiencia, la que te ayudará a tener más éxito que cualquier otro. Has estado en esa situación de apuro. Ya sabes lo que no funciona. Sabes que cuando la gente se pone nerviosa en los deportes comienzan a jugar para no perder. Necesitas jugar para ganar. En vez de no arriesgarte, necesitas presionar más, golpear con más fuerza. Serás mejor porque perdiste. Desde ahora usarás tu experiencia para estar a la altura y para ganar».

Desde ese día en adelante me digo: *Groeschel, eres un jugador de presión. Estás en tu mejor momento cuando las cosas están en su peor momento. En esos instantes, tu Dios es por ti y tu Dios está contigo.*

Mi declaración en cuanto al tenis se convirtió en una declaración para otras situaciones de presión que enfrenté. En el liderazgo, cuanto más duras son las circunstancias más me quiero involucrar. Si hay una situación espiritual, si alguien que no conoce a Cristo está cerca de la muerte, yo quiero ser el que tenga esa conversación. ¿Por qué? Porque he preestructurado el resultado. Entraré consciente de que mi Dios está por mí y conmigo. No jugaré para perder. Jugaré para ganar. Soy un jugador de presión. Estaré a la altura del reto.

Esto no es únicamente lo que me digo. Es la forma en que vivo y lidio con esos momentos difíciles. Porque no puedo controlar lo que me sucede. Pero puedo controlar cómo lo enmarco. Y cómo lo enmarco dictará la manera en que respondo y me comporto.

¿Cómo preestructuras tu futuro?

¿En qué situaciones sabes que te meterás?

¿Cuál sería la forma más positiva de honrar a Dios y de edificación mutua para abordar ese momento?

Preestructúrala. Con la ayuda de Dios puedes elegir el marco a través del cual vas a entrar en esa situación.

Digamos que te despiertas sabiendo que estás enfrentando un día abrumadoramente ocupado. En lugar de quejarte de lo difícil que será, preestructúralo con una perspectiva más positiva y piadosa. Debes decirte: *Hoy voy a experimentar la fuerza de Dios cuando soy débil. Él me da todo lo que necesito para lo que me ha llamado a hacer. En lugar de un día malo y ocupado, voy a tener un día positivo y productivo.*

Si estás nervioso por una conversación desafiante que necesitas tener con un amigo, trata de preestructurarla con fe. En vez de imaginar un estallido de ira, agradece con anticipación a Dios por ese amigo y por darte palabras que decir. Decide hacer lo correcto y confía los resultados a Dios.

Supongamos que tienes una cita médica intimidante durante la semana. Tus temores pueden ser abrumadores al prever el peor resultado posible. En vez de eso, elige un marco diferente para tu futuro. Cree que Dios ha escuchado tus oraciones y que escucharás buenas noticias del doctor. Y si eso no sucede, recuérdate que Dios siempre es bueno. Colateralmente bueno. No importa lo que enfrentes, él estará contigo. No puedes controlar lo que sucede, pero puedes controlar cómo lo enmarcas.

Debes saber que hay una forma diferente de ver el mundo. Podemos elegir hacer de la bondad de Dios nuestro sesgo cognitivo. Podemos mirar nuestras circunstancias a través de los lentes de su misericordia y su gracia. No hay un momento en el que seamos abandonados u olvidados.

No podemos controlar lo que nos pasa, pero podemos controlar cómo enmarcamos el resultado, incluso antes de que suceda.

— EJERCICIO 9 —

TU BONDAD COLATERAL

¿Tienes alguna circunstancia o relación que sepas que Dios permitió para que comenzaras a ver desde una perspectiva distinta, de modo que cambiaras tu actitud de negativa a positiva, de perjudicial a saludable? ¿Qué sucedió, que cambió tu mentalidad?

Recordando mi ejemplo personal, pregúntate: «Justo ahora en mi vida, ¿qué representa el lunes, la relación o circunstancia con la que batallo para ver cualquier cosa positiva o buena?». Escríbela.

¿Cuál es un paso que puedes dar para cambiar tu mente al respecto de esta situación?

¿Qué te gustaría que Dios hiciera para cambiar esta situación?

¿Cuál sería la forma más positiva de honrar a Dios y de edificación mutua para abordar esa situación?

PUEDES USAR ESTE EJERCICIO PARA SEGUIR REESTRUCTU-rando circunstancias en tu vida y abrir las puertas para que Dios te dé una nueva perspectiva. Recuerda, no puedes controlar lo que te sucede, pero puedes controlar cómo lo enmarcas. Y la manera en que lo enmarques dictará el modo en que respondes y te comportas.

CUARTA PARTE

EL PRINCIPIO DEL REGOCIJO

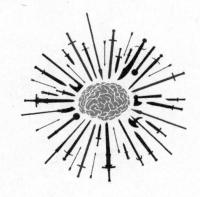

Revive tu alma, reclama tu vida

Den gracias al SEÑOR, porque es bueno;
Porque para siempre es Su misericordia.

—SALMOS 106:1

CAPÍTULO 10

PROBLEMAS, PÁNICO
Y PRESENCIA

FURGONETAS AZULES. LAS FURGONETAS AZULES ME ASUS-tan. Si alguna se me acerca, mi corazón late rápido y estoy listo para abalanzarme sobre el conductor o correr por mi vida.

¿Por qué?

Cuando era pequeño, mi papá estaba llevando a nuestra familia de regreso a casa después de cenar en nuestro lugarcito favorito de hamburguesas. Otro conductor que no aprobó la forma en que mi papá condujo después de las hamburguesas y las papas fritas nos siguió hasta la casa. Llegamos a la entrada para el automóvil cuando una furgoneta azul rechinó justo detrás de nosotros. Fue como una escena de una película de acción.

Un tipo bastante molesto salió de la furgoneta, gritando. Dijo una combinación de vulgaridades que harían que un chico universitario borracho se sonrojara. El hombre llegó corriendo a nuestro auto, con las fosas nasales expandidas, los ojos muy abiertos, los puños cerrados, y arremetió contra mi papá.

Mala decisión. Mi papá sabe defenderse, por lo que pronto el hombre corrió de regreso a su furgoneta azul, sano y salvo solo por la gracia de Dios. Aquella noche mi madre me sentó en la sala y me explicó en términos inequívocos que había un hombre por ahí que estaba extremadamente enojado con mi padre y probablemente con toda nuestra familia. Ese hombre ahora sabía dónde vivíamos y conducía una furgoneta azul. Me advirtió: «Si alguna vez miras una furgoneta azul, entra corriendo, cierra las puertas con llave y llama a la policía».

La amorosa pero severa advertencia de mi mamá se parecía mucho a la profecía de mi abuela acerca de otra depresión financiera. Así que surgió otro patrón de temor. Por años, cada vez que veía una furgoneta azul, entraba corriendo, cerraba las puertas con llave y me escondía debajo de la cama. Tal como mi mamá me dijo que hiciera.

En la actualidad, me pongo en alerta máxima si veo una furgoneta azul. La furgoneta azul es una amenaza y oprime mi botón de pánico.

Te aseguro que tú también tienes algunas amenazas que te llevan al pánico. Pueden ser un tanto irracionales, como mi aversión a las furgonetas azules. O pueden ser muy reales.

¿Qué amenaza perceptible te causa pánico? ¿No ser capaz de controlar tu futuro? ¿Una mala calificación? ¿La báscula que te dice que has ganado tres kilogramos? ¿Alguien que te mira mal? ¿Un amigo que se toma su tiempo en responder tu mensaje de texto o que no responde en lo absoluto? ¿Tu hijo o hija preadolescente que se comunica con mensajes de texto con una persona del sexo opuesto? ¿El tránsito de camino al trabajo? ¿Una conversación con tu mamá que revela que su demencia está más avanzada? ¿Tu jefe caminando por la oficina? ¿La idea de que puedas fallar?

Hemos dicho que tu vida se moverá siempre en la dirección de tus pensamientos más dominantes. Esas son buenas noticias si estás pensando en lo que es noble, correcto, puro, amable, admirable, excelente o digno de alabanza. Son malas noticias si estás pensando en lo que es indecoroso, falso, feo, ansioso, injusto, terrible o simplemente irracional. Nuestros pensamientos negativos desbocados pueden girar sin control y llevar nuestra vida en la dirección equivocada.

Entonces, ¿por qué entramos en pánico?

En nuestro cerebro hay una pequeña parte con forma de almendra llamada amígdala cerebral. La amígdala es responsable de las emociones y los instintos de supervivencia. Cuando tienes miedo, la amígdala se enciende como una máquina de *pinball*, y provoca una respuesta de lucha o huida. La amígdala despliega un tsunami de adrenalina y prepara el cuerpo para la acción.

> « **NUESTROS PENSAMIENTOS NEGATIVOS DESBOCADOS PUEDEN GIRAR SIN CONTROL Y LLEVAR NUESTRA VIDA EN LA DIRECCIÓN EQUIVOCADA.** »

Eso es bueno si vas caminando por un sendero y te encuentras con una serpiente venenosa lista para atacar. Debes quitarte de su camino rápidamente. La amígdala hizo su trabajo.

También es bueno si vas conduciendo y repentinamente ves una vaca venir volando en dirección hacia tu parabrisas. (Vivo en Oklahoma, donde en promedio tenemos cincuenta y dos tornados al año y hay muchas granjas, así que, por supuesto, eso podría ocurrir). Debes reaccionar inmediatamente, elegir luchar con la vaca (¡buena suerte con eso!) o huir de ella (mi sugerencia). Cuando cambias de dirección y la vaca pasa volando, debes agradecer a tu amígdala cerebral por seguir vivo.

El problema es que la amígdala no es objetiva. La forma en que responde a una vaca a toda velocidad es la misma en que responde a una conversación hiriente. La manera en que responde a un ruido que te permite saber que un ladrón ha entrado a tu casa es la misma en que responde a una notificación que te hace saber que tu cuenta de banco está en números rojos.

Si te enfrentas con un bovino enojado o con un ladrón agresivo, necesitarás que la adrenalina ponga tu cuerpo en acción. Si estás enfrentando un mensaje decepcionante o un cónyuge desagradable, no necesitas la adrenalina, y esta solo merodeará por tu cuerpo, actuando como un indeseado animador de espectáculos. Te sentirás estresado, agitado, nervioso. ¿Puedes deletrear P-Á-N-I-C-O?

¿Qué te hace entrar en pánico? Qué tal si te confieso lo que a mí me lo causa y quizá te sientas cómodo para admitir lo que a ti te lo provoca.

PÁNICO DESENFRENADO

Antes de exponer lo que me causa pánico, quiero que sepas que no estoy alardeando ni quejándome. Tampoco estoy diciendo que mi mundo sea más difícil que el de los demás. Cada cual tiene lo suyo, sus propios problemas. Mi mundo no es más difícil, solo diferente. Podrías desear tener mis problemas y viceversa.

Yo lucho con lo que llamo ansiedad por el contenido. Una gran parte de lo que hago es crear contenido. Con sermones para mi iglesia, pláticas para conferencias, mensajes trimestrales para nuestro personal, episodios para mi *podcast* de liderazgo y videos semanales de entrenamiento para liderazgo, puedo estar trabajando en docenas de mensajes a la vez.

Bien, no todos los mensajes requieren el mismo esfuerzo. Algunos de los más pequeños puedo prepararlos relativamente rápido. Pero los más grandes se llevan de doce a dieciséis horas por mensaje. De vez en cuando demandan hasta veinte horas.

Trabajar en doce mensajes por, al menos, doce horas por cada uno es, bueno… *muchas* horas. A menudo siento que no hay suficientes horas para trabajar todas las que debo completar. Así que para tratar de crear más horas, comencé a levantarme más temprano y a permanecer despierto hasta más tarde. A menudo me levantaba muy temprano, a las 3:30 de la mañana, para estudiar, continuar todo el día, y luego trabajar después de que los chicos se hubieran acostado por la noche.

Contrario a la creencia cultural, los pastores no hacen más que solo predicar los domingos. Yo también tengo que hacer lugar para reuniones, entrenar nuevos empleados, proveer cuidado pastoral y demás. Las exigencias por mi tiempo no terminan.

Sin embargo, mi estrés no se debe únicamente a las horas y a la carga de trabajo. No únicamente tengo que escribir mensajes; tienen que ser creativos y relevantes, todos y cada uno. Mantener las cosas frescas no es tan fácil como suena. He aquí la realidad: cada vez que leo la Biblia, nada en ella ha cambiado. El mundo es creado. Adán y Eva pecan. La tierra se inunda y el arca flota. La zarza arde y el mar se abre en dos. Cada Navidad, la Virgen

María tiene un bebé, y su nombre es Jesús. Cada Domingo de Resurrección, la tumba está vacía.

No, no me malinterpretes. Estas verdades transformaron mi vida. Me siento honrado al predicar las buenas nuevas cada semana. Solo que siento una presión constante en cuanto a presentar la Palabra en una forma que continúe impactando la vida de la gente. Contar las mismas historias con un nuevo marco. Personalizarlas para la cultura en constante cambio sin degradar nunca el mensaje.

En 2019 tuve que decidir el título de una serie de mensajes para mi iglesia. Debido a todo el trabajo de preparación que nuestros equipos creativos y de medios invierten para nuestras series, necesitaba informarles lo que iba a hablar con un par de meses de anticipación. Lo he hecho por décadas, pero esta vez no estaba sucediendo. Parecía que estaba llegando al límite. Por primera vez en mi ministerio, me paralicé. No tenía ninguna idea nueva, ni percepción de las Escrituras, ni revelaciones de Dios, ni nada significativo que decir.

Estaba vacío. Sentí un miedo indescriptible. Tenía que luchar para recobrar el aliento. Parecía que las paredes a mi alrededor iban acercándose lentamente. Por primera vez en más de un cuarto de siglo como pastor, consideré que tal vez me había esforzado demasiado, que no tenía nada más que dar y que debía dejar esa actividad. El miedo se apoderó de mí. Me entró pánico. La vida se me convirtió en una masiva, confusa y desgarradora bola de ansiedad incontrolable.

¿Qué estaba sucediendo? Mi amígdala cerebral trabajaba a toda marcha, cumpliendo doble función, enviando adrenalina en estampida por todo el cuerpo, lo que me dejaba en un pánico cual nunca había experimentado antes.

Muy bien, esa es mi franca confesión. (¿No te pusiste un poco tenso al leer acerca de cómo me sentía?).

¿Hizo mi confesión que te sintieras mejor? ¡Tal vez la cosa no es tan mala como pensabas! O puedes preguntarte por qué estás leyendo un libro acerca de ganar la guerra en tu mente escrito por alguien tan desquiciado. De cualquier forma, ¡fui sincero! Ahora es tu turno.

¿Qué pasa contigo? Sé totalmente franco. ¿Qué te da pánico?

Sea lo que sea, tu amígdala, que en verdaderas situaciones de lucha o huida es tu mejor amiga, también va a trabajar en tu contra. Pero espera. Tienes otra porción en tu cerebro que ayudará a tu ligeramente confusa amígdala: la corteza prefrontal. La corteza prefrontal es la parte lógica del cerebro.

Piensa en tu amígdala como si fuera tu prima nerviosa, hiperactiva, con exceso de cafeína, sobreestimulada, siempre alerta y con hipertensión. Piensa en tu corteza prefrontal como si fuera tu tío reflexivo, sensato, realista y ecuánime, con un título de abogado.

Por ejemplo, es media noche. Escuchas un ruido en la casa.

Tu amígdala grita: «¡Hay alguien en la casa! ¡Te va a matar!».

Tu corteza prefrontal se aclara la garganta y dice: «Solo es el gato».

Tu amígdala grita más fuerte: «¡Vas a morir! ¡Toma el bate de béisbol que está debajo de la cama! ¡Tienes que ir a luchar contra el asesino que está en tu casa! Pero, de todas maneras, ¡probablemente morirás!».

Tu corteza prefrontal, pacientemente, insiste: «Si fuera un asesino, no creo que un bate serviría. Solo es el gato. Ahora, ve a dormir otra vez».

Tu amígdala sigue argumentando: «¡El gato no hace tanto ruido! ¡No es el gato! ¡Salta por la ventana! ¡Es tu única forma de sobrevivir! ¡Salta! ¡Ahora!».

Tu corteza prefrontal pone los ojos en blanco. «Si alguien hubiera entrado a la casa, la alarma se hubiera disparado. Además, si fuera un asesino y saltas por la ventana, ¿qué pasará con tu esposa y tus hijos?».

Tu amígdala chilla: «¡Pueden defenderse por sí mismos! ¡Salta!».

La corteza prefrontal, serenamente: «Repito: es solo el gato».

La amígdala, ahora más fuerte: «Si tiene razón, ¡entonces mata al gato!».

Sé que tienes estas conversaciones en tu interior como yo; pueden ocurrir en cuestión de segundos mientras tratas de tomar una decisión.

Dios te dio la parte lógica de tu cerebro para mantener la parte emocional bajo control. La corteza prefrontal intenta recordarme que mi cuenta de banco está segura y que las furgonetas azules no están buscándome, e intenta asegurarte que un ladrón no está entrando a tu casa. (Pero tal vez deberías deshacerte del gato de todas maneras, ya que está acumulando una gran bola de pelos para vomitarla sobre tu sofá).

A pesar de la ayuda de nuestra amiga —la corteza prefrontal—, podemos pasar mucho tiempo permitiendo que nuestros problemas nos causen pánico. Lo que anhelamos es paz. ¿Y qué hacemos? ¿Cómo evitamos caer en el pánico y en lugar de ello hallamos un camino de los problemas hacia la paz? Me encanta que lo hayas preguntado. Las buenas noticias son que nuestra respuesta está a una oración de distancia.

NO EN EL VIENTO, SINO EN EL SUSURRO

¿Qué nos causa pánico?

A mí, la presencia de los problemas. Normalmente no se trata solo de un problema. Empezamos a entrar en el territorio de *Estoy perdiendo el control, en serio necesito un abrazo* cuando se trata de conflictos, en plural. Múltiples problemas. Comienzas a sentir como si estuvieras jugando «aplasta al topo». Puedes manejar *un* asunto; pero cuando aparecen más, llegas al punto en el que has tenido suficiente. Es entonces cuando necesitas dominar la mente, fijar los pensamientos y adorar a Dios.

Elías ya había tenido suficiente.

Él fue el profeta que confrontó al malvado rey Acab por su pecado y profetizó una sequía inminente. Enfurecido, el rey Acab amenazó con matar a Elías, pero el profeta consiguió eludir a su cazador y a la larga incluso confrontó a ochocientos cincuenta falsos profetas, surgiendo victorioso al final.

Con tan asombroso triunfo, Elías debió haber pensado que se habían terminado sus problemas. Pero no fue así. El malvado rey Acab tenía una esposa aún más malvada llamada Jezabel. Era la maldad con esteroides.

Jezabel decidió: *Si quieres que algo se haga bien, permite que una mujer lo haga. Mi esposo no puede deshacerse de Elías. Yo lo mataré.*

Elías se percató de que incluso después de su gran victoria, su vida aún estaba en peligro. No podía creerlo. Era demasiado. Estaba agotado. Sus pensamientos negativos desbocados se descontrolaron y lo llevaron a una profunda depresión. Tanto que oró por poder morir.

Nota lo irracional que es esto. Su mayor temor era que Jezabel pudiera matarlo, así que... quiso morirse. Eso no tiene sentido. Pero Elías no estaba pensando con claridad. Porque había llegado al límite. Estaba bloqueado.

Aniquilado. Terminado. Quebrantado. Más que eso. Todo lo anterior.

¿Has pasado por eso? ¿Has llegado al punto en el que ya no puedes lidiar con una sola cosa más? Tu hijo adolescente continúa mostrándote arrogancia, tienes una serie de gastos no planeados, o día tras día tu jefe no reconoce tu contribución, o tu cónyuge hace demasiadas veces eso que te irrita y... bueno, ya tuviste suficiente.

Eso es lo que le pasaba a Elías. «Basta ya, SEÑOR; quítame la vida, porque no soy mejor que mis antepasados que ya murieron» (1 Reyes 19:4, NTV). Nota cómo estaba permitiendo que sus pensamientos negativos desbordaran y lo controlaran. Del *Basta ya* al *No soy mejor que mis antepasados* al *Tienen suerte porque ya se murieron*.

Yo puedo hacer lo mismo. ¿Y tú? Del *Mi vida es tan difícil que no puedo hacerlo todo* al *No me gusta mi vida*, al *Nadie me entiende* al *No puedo soportar toda la presión*, al *Siempre va a ser así*.

¿A qué se debe eso? A los problemas. Nos obsesionamos con la presencia de nuestros problemas y perdemos nuestro enfoque de la presencia de Dios.

> « NOS OBSESIONAMOS CON LA PRESENCIA DE NUESTROS PROBLEMAS, Y PERDEMOS NUESTRO ENFOQUE DE LA PRESENCIA DE DIOS. »

Dios estuvo con Elías a cada paso del camino, con fiel y visible poder, y a menudo, provisión milagrosa. Con todo, cuando Elías enfrentó problemas, se olvidó de Dios.

El nombre de Elías debía ser un recordatorio constante de su Dios que siempre estaba presente.

El prefijo *El* del nombre *Eliyahu* (en hebreo) es una abreviatura de *Elohim*, que significa Dios. La *i* significa «mi». *Yahu* es una forma en que los israelitas abreviaban *Yahvé. Yahvé* (o Jehová) es el nombre de Dios. El nombre Elías significa «Yahvé es mi Dios» pero, irónicamente, él sentía que Dios estaba ausente de su vida.

¿Recuerdas las palabras que escribió Pablo desde la prisión? «Regocíjense en el Señor siempre. Otra vez *lo* diré: ¡Regocíjense! La bondad de ustedes sea conocida de todos los hombres. *El Señor está cerca.* Por nada estén afanosos; antes bien, en todo, mediante oración y súplica con acción de gracias, sean dadas a conocer sus peticiones delante de Dios. Y la paz de Dios, que sobrepasa todo entendimiento, guardará sus corazones y sus mentes en Cristo Jesús» (Filipenses 4:4-7, énfasis añadido).

En medio del intento por ayudar a la gente a comprender cómo pueden regocijarse y sentir paz, Pablo escribió: «El Señor está cerca». Reconocer la presencia de Dios te dará paz cuando haya alguna causa de pánico.

Elías olvidó que el Señor estaba cerca. Necesitaba un recordatorio. Dios le dio uno. Dios se reveló a sí mismo. «Entonces el Señor le dijo: "Sal y ponte en el monte delante del Señor". En ese momento el Señor pasaba, y un grande y poderoso viento destrozaba los montes y quebraba las peñas delante del Señor; *pero* el Señor no *estaba* en el viento. Después del viento, un terremoto; *pero* el Señor no *estaba* en el terremoto. Después del terremoto, un fuego; *pero* el Señor no *estaba* en el fuego. Y después del fuego, el susurro de una brisa apacible» (1 Reyes 19:11,12).

Dios no estaba en el viento. Dios no estaba en el terremoto. Dios no estaba en el fuego. Silencio, luego un susurro. Dios estaba en el susurro.

Pero ¿por qué Dios le susurró a Elías?

Cuando estás agobiado y te sientes ansioso, si escuchas su voz, encontrarás que Dios te susurra.

Pero ¿por qué? ¿Por qué susurra nuestro Dios?

Nos susurra porque está muy cerca.

Y nos susurra para atraernos.

Piénsalo: cuando estás sentado junto a alguien amado y te susurran al oído, ¿qué haces? Te inclinas hacia la persona. Y lo escuchas más cerca.

Cuando estamos heridos, cuando estamos temerosos, cuando estamos agobiados, podemos clamar a los cielos y esperar que Dios nos responda gritando. Deseamos una voz audible. No comprendemos por qué Dios no nos habla en voz alta, demandando nuestra atención en algunas formas obvias. Pero ¿por qué no lo hace? ¿Por qué no lo escuchas? Quizá Dios quiere que te detengas, que estés quieto y escuches cuidadosamente su tenue, reconfortante y tierna voz.

Porque debes guardar silencio y escuchar atentamente. Dios susurra porque está cerca y porque desea atraerte. Inclínate y escucha.

¿Qué aprendió Elías ese día en la montaña?

Cuando has tenido suficiente, Dios es suficiente.

Elías había soportado mucha adversidad. Había clamado a Dios: «Es suficiente. ¡Quiero morir!». No comprendió lo que realmente necesitaba. No necesitaba morir. Ni siquiera necesitaba que Dios resolviera sus problemas. Solo necesitaba a Dios.

Cuando has tenido suficiente, Dios es suficiente.

SIENTE LA PRESENCIA DE DIOS

Ahora regreso a mi problema de pánico con la ansiedad por el contenido. Tantos mensajes por investigar, escribir e interiorizar. La presión de idear formas creativas para decir las cosas y para titular las series de mensajes. Todo eso es prácticamente una constante fuente de estrés. Tuve un tiempo especialmente inquietante al luchar con eso en 2019. («Tiempo inquietante» es una agradable forma de decir «Tuve la mayor crisis de mi vida»).

No fue un período de trabajo y ministerio normal para mí. Para ser claros, fue mi culpa. Me excedí en la programación, en el tiempo y en el trabajo. En ese verano, prediqué veinticinco mensajes en ocho días en cinco ciudades situadas en dos países.

Justo antes de pasar por esa dolorosa prueba, descubrimos un moho peligroso en cinco habitaciones de nuestra casa. Mientras yo viajaba por el mundo, esas cinco habitaciones estaban siendo desmanteladas y nuestra casa estaba en construcción.

También me enteré de que un mapache había entrado a la vivienda, que era exactamente lo que yo necesitaba. Cada mañana había orado: «Dios, si pudieras arrojar un mapache a este mes de pesadilla, sería maravilloso».

Y luego, como si un mapache no fuera suficiente fauna, una rata se metió al automóvil de un pasante que vivía con nosotros, causando tanto daño que el auto no encendía.

Entonces le tocó al automóvil de mi hijo, que no funcionó.

Eso fue más o menos cuando el aire acondicionado de la casa murió. Estuvimos sin aire acondicionado por aproximadamente diez días, justo en pleno verano de Oklahoma.

Mientras mi esposa y yo viajábamos por el mundo, mi tarjeta de crédito se vio en peligro. Era la única tarjeta que dejaba que mis hijos usaran, así que no podían comprar nada.

Cuando regresamos a una zona de construcción bajo el ataque de una banda de mapaches salvajes, mi hija mayor dio a luz a su primera hija. Durante el parto, la pequeña bebé McKenna estuvo sin oxígeno por un largo tiempo.

Después de hacerle pruebas, los doctores explicaron que nuestra nueva nieta experimentaba un daño cerebral significativo. Mi familia escuchó en silencio absoluto mientras nuestros corazones se rompían en mil pedazos.

Como Elías, ya había tenido suficiente.

De forma milagrosa, la historia de la bebé McKenna tuvo un final feliz. La niña mejoró. Aunque algunos creen que los doctores hicieron un mal diagnóstico de sus daños cerebrales, nosotros creemos que Dios escuchó nuestras oraciones y la sanó. De cualquier forma, ella ya está bien. Pero no lo estaba en ese momento. En lo absoluto.

Mi mundo se derrumbó y mi vida se detuvo en seco.

Al final de esa temporada, mi cuerpo se apagó. Simplemente se detuvo. Aunque no fui al hospital, llamé a un consejero. Sabía que necesitaba ayuda profesional.

Sí, soy pastor, y sí, estoy en consejería. Creo que es bíblico y sabio obtener ayuda de los sabios. Algunas veces necesitamos hablar sobre nuestros asuntos con alguien entrenado en hablar acerca de los asuntos. Alguien que no tiene motivaciones secretas excepto ayudarnos a mejorar.

Comencé a reunirme con un psicólogo de rendimiento que me ayudó a recordar cosas que sabía pero que había estado ignorando.

Me ayudó a desentrañar mi insólito, insano e insostenible afán por producir y rendir. Me guió a través de mis décadas de creación de contenidos.

Reconocí cuán fiel ha sido Dios siempre al proveer contenido espiritual para que yo lo predique. Yo tenía un largo historial de experiencia y no había razón para pensar que él se fuera a detener ahora. Es más, mi psicólogo me señaló al Señor. Mirar fijamente mis factores de estrés estaba oscureciendo mi visión de mi Salvador.

Aunque todo esté completamente mal, sigo teniendo un Dios que es completamente justo. Aunque me quedara sin nada, sigo teniendo a Dios y él lo es todo.

Tuve que descubrir cómo dejar de obsesionarme con la presencia de mis problemas y volver a centrarme en la presencia de Dios. Tuve que volver a inclinarme para escuchar el susurro de Dios.

Yo ya sabía lo que descubrí en la consejería, pero aun así se sintió como el final sorpresivo de una película de M. Night Shyamalan. Pero tuve el instante de revelación que necesitaba. Entonces volví a crear una nueva declaración. Recuerda, para que la verdad nos haga libres, necesitamos interiorizarla. Necesita vivir en nuestro interior para que se convierta en una respuesta automática. ¿Cómo reemplazar un viejo surco con una trinchera nueva? Con la repetición. La nueva y liberadora declaración que me digo una y otra vez:

Mi experiencia más la presencia de Dios es suficiente.

Eso es lo que Elías aprendió. La experiencia que ya tenía (con Dios proveyéndolo milagrosamente, sosteniéndolo en los peores momentos) más la presencia de Dios fueron suficientes. Es lo mismo para ti. Puede que te sientas cargado, abrumado y ansioso. Tal vez tu alma se sienta aplastada. Lo que necesitas es el final sorprendente que siempre has conocido. Cuando ya hayas tenido suficiente, Dios es suficiente.

> « CUANDO YA HAYAS TENIDO SUFICIENTE, DIOS ES SUFICIENTE. »

Sí, la presencia de los problemas está tentándote a entrar en pánico. Pero no ignores la presencia de Dios. Él es más grande que tus problemas. Lo más esencial para tu mente es que esta permanezca atenta a la presencia de Dios.

Declara los siguientes enunciados en tu vida, para tu vida. Dilos en voz alta.

El Señor está cerca.

Él está cerca.

Nunca me dejará ni me abandonará.

Nada me puede separar de su amor.

Él siempre está conmigo. (Él está conmigo justo ahora mientras leo este libro).

Nunca estoy solo y él es suficiente para mí.

Su fuerza me sostiene.

Él me cuida y me guía con su amorosa mirada sobre mí.

Dios está cerca y quiere acercarme más.

Me inclinaré hacia él y escucharé su susurro.

Justo es el Señor en todos Sus caminos,

    Y bondadoso en todos Sus hechos.

El Señor está cerca de todos los que lo invocan,

    De todos los que lo invocan en verdad.

Cumplirá el deseo de los que le temen,

    También escuchará su clamor y los salvará.

—SALMOS 145:17-19

— EJERCICIO 10 —
CUANDO YA ES SUFICIENTE

¿Qué circunstancias o dinámicas hay en tu vida en este momento que, por lo general, te producen pánico?

¿Por qué piensas que estas situaciones específicas causan pánico en ti?

¿Hay algún punto en tu vida en este momento en el que dirías que ya tuviste suficiente y has llegado al límite? Escríbelo.

¿Qué puedes hacer para inclinarte y escuchar el susurro de Dios en medio de todo el viento, el fuego y los terremotos que ocurren ahora a tu alrededor y en esta circunstancia?

Hablar con un consejero, un pastor o un amigo cercano ¿te ayudaría a mejorar este asunto? Si es así, ¿quién?

REGRESA AL FINAL DEL CAPÍTULO Y LEE EN VOZ ALTA LAS declaraciones que te di. Dios está cerca. Está escuchando.

CAPÍTULO 11

LA PERSPECTIVA DE LA ALABANZA

¿POR QUÉ ES CRUCIAL ESTAR CONSCIENTE DE LA PRESEN-cia de Dios?

Lo que estoy a punto de decir puede parecerte ofensivamente simple, pero es en gran manera importante. ¿Estás listo? No te lo pierdas.

Si olvidas que Dios está ahí, no hablarás con él.

Simple, ¿verdad? (Te lo advertí). Pero es cierto. Cuando no nos centramos en la presencia de Dios, no oramos. En vez de eso, nos vamos solos. Nuestros pensamientos se mueven en la dirección equivocada y nuestra vida pronto los sigue.

Pero cuando nos damos cuenta de que Dios está allí, nos percatamos de que podemos hablarle. Cuando las cosas van mal, en lugar de solo sentirnos mal, miramos hacia arriba. Miramos a lo alto y hallamos a Dios, que nos ama y tiene el poder para ayudarnos. Necesitamos sentir la presencia de Dios, recordándonos habitualmente que él está con nosotros para que seamos persistentes en la oración.

¿Recuerdas la receta de Pablo en Filipenses 4 en cuanto a las circunstancias que inducen al pánico? «Por nada estén afanosos; antes bien, en todo, mediante oración y súplica con acción de gracias, sean dadas a conocer sus peticiones delante de Dios» (v. 6).

Date la oportunidad de asimilar esta verdad que cambiará las reglas del juego:

- Si algo es lo suficientemente grande como para preocuparte, entonces es lo suficientemente grande como para orar por ello.
- Si está en tu mente, entonces está en el corazón de Dios.

Así que ora.

Si estás comenzando a sentir algunos pensamientos negativos desbocados (estás preocupado por tu próxima cita médica, no sabes qué decisión tomar, estás preocupado por cómo les está yendo a tus hijos en la escuela, sientes que nunca encontrarás a alguien con quien casarte), ora.

Algo que he aprendido en mis años como pastor es que muchas personas no saben con certeza cómo orar.

- ¿Me dirijo a Dios como a mi omnipotente Creador?
- ¿Es obligatorio orar en el lenguaje de la Reina-Valera?
- ¿Debo terminar con toda la parte que dice: «En el nombre de Jesús»?
- ¿Se requiere usar la palabra ósculo? Espero que no porque no estoy seguro de lo que significa.

La respuesta a todas esas preguntas es no.

En el huerto de Getsemaní antes de su arresto, Jesús llamó a Dios *Abba*, la palabra aramea para padre. *Abba* era la forma más sencilla y cariñosa de referirse a un padre en esos tiempos. Nuestro equivalente sería *papá* o *papi*. Dios es un Dios relacional que te ama y quiere tener una relación de intimidad contigo. Puedes llamarlo *Abba Padre*, como lo hizo Jesús.

Pablo escribió: «...sean dadas a conocer sus peticiones delante de Dios», lo cual puede parecer un poco formal, pero no lo es. Otra manera de traducir las palabras de Pablo es: «Den a conocer sus necesidades». Cuando ya has tenido suficiente y tus problemas te tientan a entrar en pánico, ¿cómo debes orar? Solo da a conocer tus necesidades.

Tengo seis hijos. Los amo. Soy su *abba*, su papi, su papá. Mis seis hijos tienen seis personalidades diferentes y cada uno da a conocer sus necesidades a su manera.

Mi hija mayor, Catie, da a conocer sus necesidades a través de mensajes de texto. Sus textos son amorosos pero cortos, directos y al punto. Mi segunda hija, Mandy, no envía textos; ella llama. Le gusta hablar. Mi llamada promedio con Mandy dura casi cuarenta y tres minutos. He pasado de estar recién rasurado a tener una dulce barba *hipster* en algunas de nuestras conversaciones más emocionantes.

Anna hace presentaciones formales. Presenta información con un rotafolio. A menudo me siento poco preparado e inapropiadamente vestido para nuestras conversaciones tipo sala de juntas.

Mi hijo Sam espera al menos hasta las diez y media de la noche. Aparece en nuestro dormitorio para hablar y sus solicitudes se llevan un *largo* tiempo.

Stephen es nuestro pequeño abogado. Es más inteligente que nadie en la sala. Cuando pide, ya tiene su defensa preparada para cualquier objeción que yo pueda alegar. Siempre va tres pasos delante de mí.

Mi hija más pequeña, Joy, pedirá, enviará textos, llamará, vendrá a la habitación, cantará, suplicará. Nunca se rinde y siempre obtiene lo que quiere, porque es la pequeña de la familia. También es la favorita de todos. Pregúntale y ella te lo dirá.

Cada uno de mis hijos es creativo en el modo en que pide, porque no están intentando hacerlo «de la forma correcta»; simplemente se comportan como son. Dios no quiere que tampoco tú lo hagas «de la forma correcta». Quiere que seas tú mismo, tal como lo hizo él. Da a conocer tus necesidades como sientes que lo debes hacer. Ora a tu manera.

Puedes decir tus oraciones, gritarlas, cantarlas o escribirlas en un diario. Puedes orar largamente o hacer oraciones cortas, solo asegúrate de orar. No hay una forma perfecta. Solo ora.

Cuando ores, pide con confianza. Como papá, me gusta cuando mis hijos me necesitan. Dios es tu perfecto Padre celestial, le encanta cuando acudes a él y le comunicas tus necesidades. Pedro nos dice que Dios nos invita a ir a él: «Así que humíllense ante el gran poder de Dios y, a su debido tiempo, él los levantará con honor. Pongan todas sus preocupaciones y ansiedades en las manos de Dios, porque él cuida de ustedes» (1 Pedro 5:6,7, NTV).

¿Te sientes deprimido? ¿Exhausto? ¿Como si ya hubieras tenido suficiente? ¿Sientes como si te estuvieras hundiendo? Pedro dijo: «Así que humíllense ante el gran poder de Dios y [...] él los levantará».

Esas palabras serán más significativas si piensas en el que las escribió. Pedro es el que estuvo en la barca con otros discípulos y tuvo la audacia de creer que podía salir de ella y caminar sobre el agua en dirección a Jesús. Iba paso a paso sobre el mar de Galilea, probablemente caminando como un niño pequeño en un parque de camas elásticas, cuando se percató del viento y las olas. Sus pensamientos comenzaron a correr, girando en espiral hacia la negatividad. Se obsesionó con las olas que rompían y con el viento que aullaba. La presencia de problemas provocó que ignorara la presencia de Jesús. Así que se hundió.

Pedro se estaba ahogando, ¿y qué hizo? Se extendió para buscar la mano de Jesús. Jesús lo levantó y lo salvó. Años después Pedro no lo había olvidado y anima a cualquiera que lea su carta: «Así que humíllense ante el gran poder de Dios y […] él los levantará».

ESTE ES TU CEREBRO EN ORACIÓN

De vuelta a mi crisis en el verano de 2019. Con docenas de mensajes que escribir, reuniones, viajes, el reino animal emboscando mi hogar y cada automóvil a la vista, sentí que me estaba ahogando. Busqué ayuda de mi consejero y elaboramos una estrategia. Esta consistía en oración. Decidí comenzar a diezmar mi tiempo de estudio en oración.

Siempre he sido diezmador con mis finanzas. Creo que Dios es dueño de todo, me confía algo de su dinero y me pide que le regrese el diez por ciento. Yo lo honro con el primer diez por ciento y confío en que él bendiga el resto. Décadas de diezmar me han enseñado que el noventa por ciento de lo que tengo, con la bendición de Dios es mucho más que el cien por ciento sin esta.

Ahora estoy aplicando este principio a la predicación. En vez de trabajar más duro, oro más. En vez de trabajar más tiempo, oro más tiempo. La estrategia está basada en mi fe de que si doy el noventa por ciento de mi tiempo de trabajo para la preparación y el diez por ciento para orar, puedo hacer más que si trabajara el cien por ciento de ese tiempo.

Creo que si preparo mi corazón, Dios me ayudará a preparar el mensaje.

Mientras vivo esta estrategia, encuentro que estoy menos ansioso y tengo más seguridad. La oración ha quitado mucho del pánico y lo ha reemplazado con paz.

La oración funciona. La oración cambia las cosas. Y lo que es más importante, la oración te cambia a *ti*. La oración cambia tu cerebro.

Hace algunas décadas, los neurólogos creían que el cerebro ya no cambiaba después de la adolescencia. Hoy sabemos que eso no es verdad. Nuestros cerebros están constantemente evolucionando. Los neurólogos llaman a ese proceso neuroplasticidad. La idea es que podemos esculpir nuestro cerebro, así como podemos esculpir nuestros músculos con algo de tiempo estratégico invertido en el gimnasio. Tu cerebro está recableándose todo el tiempo al crear esas nuevas vías neuronales. Cada vez que tienes un pensamiento, es más fácil pensarlo otra vez. Esas son buenas noticias si tienes pensamientos piadosos. No lo son si has sido condicionado para huir de las furgonetas azules.

Tu cerebro está cambiando y la oración cambia tu cerebro.

El doctor Andrew Newberg es el director de investigación del Hospital Thomas Jefferson y el Colegio Médico, en Pensilvania. Estudia el cerebro con el uso de técnicas de neuroimagen, que incluyen imagen por resonancia magnética funcional, tomografía computarizada de emisión monofotónica y tomografía por emisión de positrones. Te lo diré claro: no sé qué significa nada de eso. Pero entiendo las conclusiones del doctor Newberg. Él escribe, en artículos académicos y en libros como *How God Changes Your Brain* [Cómo Dios cambia tu cerebro], que la oración es como un ejercicio físico para el cerebro y que transforma su química.

> « LA ORACIÓN FUNCIONA. LA ORACIÓN CAMBIA LAS COSAS. Y LO QUE ES MÁS IMPORTANTE, LA ORACIÓN TE CAMBIA A TI. LA ORACIÓN CAMBIA TU CEREBRO. »

Piensa en eso. La oración no solo toca el corazón de Dios, ¡sino que además cambia la química de tu cerebro! Otro autor en este campo llamado neuroteología es la doctora Caroline Leaf, autora de *Enciende tu cerebro*. Su sitio *web* dice: «La doctora Caroline Leaf es patóloga de la comunicación y neurocientífica cognitiva, con una maestría y un doctorado en Patología de la comunicación y una licenciatura en Logopedia, especializada en neuropsicología cognitiva y metacognitiva».[7] Te lo voy a decir directamente otra vez: ¡No sé qué significa nada de eso!

La doctora Leaf escribe: «Se ha descubierto que doce minutos de oración diaria concentrada por un periodo de ocho semanas puede cambiar el cerebro hasta tal punto que puede medirse en un escáner cerebral. Este tipo de oración incrementa la actividad en áreas del cerebro asociadas con la interacción social, la compasión y la sensibilidad hacia otros. También incrementa la actividad del lóbulo frontal a medida que la concentración y la intencionalidad se incrementan».[8]

Tu vida siempre se está moviendo en la dirección que dictan tus pensamientos más fuertes. La preocupación y los pensamientos tóxicos cambiarán tu cerebro y moverán tu vida en una dirección en la que no quieres ir. La oración cambia tu cerebro y mueve tu vida en una dirección positiva.

¿Recuerdas lo que escribió Pablo? «Y no se adapten a este mundo, sino transfórmense mediante la renovación de su mente, para que verifiquen cuál es la voluntad de Dios: lo que es bueno y aceptable y perfecto» (Romanos 12:2).

De adaptarse a transformarse y ser renovado. La oración literalmente renueva nuestra mente, nos lleva a la paz y a entender a Dios. «Y la paz de Dios, que sobrepasa todo entendimiento, guardará sus corazones y sus mentes en Cristo Jesús» (Filipenses 4:7).

Así que ¿por qué caemos en pánico? Es esa odiosa amígdala cerebral. Los científicos tienen un nombre para lo que nos sucede, acuñado por Daniel Goleman en su libro *Inteligencia emocional*: el secuestro de la amígdala. La amígdala echa un vistazo a lo que está ocurriendo afuera y tiene una respuesta inmediata, emocional y abrumadora, a menudo, una reacción desproporcionadamente excesiva. *¡Furgoneta azul! ¡Corre! ¡Ahora!*

¿Cómo evitar ser rehén de tu amígdala? ¿Cómo contrarrestar su impacto negativo y no permitir que te intimide hasta el pánico?

Orando.

Ya sé, te entiendo, parece algo que los pastores deben decir, pero ¡podemos encontrar paz a través de la oración! ¡Podemos controlar nuestro cerebro a través de la oración! Es algo que los pastores dicen, pero que también lo afirman los científicos. Otro de los descubrimientos del doctor Andrew Newberg sorprendió a la comunidad científica. Descubrió que la oración puede regular y disminuir la respuesta de lucha o huida de la amígdala.[9]

Un científico llamó a lo que nos sucede cuando entramos en pánico, preocupación y cuando nos ponemos como locos: secuestro de la amígdala. Pablo, desde una perspectiva espiritual, describe esto como pensamiento pecaminoso. ¿Qué es eso?

El pensamiento pecaminoso es no confiar en las promesas y el poder de Dios.

La oración es elegir confiar en las promesas y el poder de Dios.

La oración es decidir volvernos a Dios y rendir nuestros sentimientos y el control de nuestra vida a él, confiar en sus promesas y en su poder. Eso es lo que vamos a hacer. Vamos a orar con fe.

Pablo escribió: «Los que están dominados por la naturaleza pecaminosa piensan en cosas pecaminosas, pero los que son controlados por el Espíritu Santo piensan en las cosas que agradan al Espíritu. Por lo tanto, permitir que la naturaleza pecaminosa les controle la mente lleva a la muerte. Pero permitir que el Espíritu les controle la mente lleva a la vida y a la paz» (Romanos 8:5,6, NTV).

Si permitimos que nuestra naturaleza humana y original tome el control, seremos dirigidos por pensamientos negativos desbocados que girarán sin control y nos llevarán en la dirección equivocada. Si permitimos que el Espíritu tome el control, seremos llevados a la vida y a la paz.

Por eso es crucial que llevemos todo pensamiento cautivo. Con el poder del Espíritu Santo vamos a emplear en oración la corteza prefrontal como un gorila fornido y valentón de pie frente a la puerta de nuestra mente, que revisa atentamente las identificaciones y no permite que entre ningún pensamiento que no cumpla con el criterio de ser verdadero, digno, justo, puro, amable, honorable o que merezca elogio. Si un pensamiento contradice la Palabra de Dios, lo derribaremos y lo haremos obediente a Cristo. Si un pensamiento se levanta en contra del conocimiento de Dios, vamos a demolerlo con el poder divino, porque no seremos dominados por pensamientos oscuros que son autodestructivos y desagradan a Dios.

LA CAJA DE DIOS

A través de la oración y del poder de Dios podemos llevar todo pensamiento cautivo. Permíteme darte una forma visual de pensar en esto. Quiero que en realidad lo hagas.

Consigue una caja. No tiene que ser sofisticada ni grande: una pequeña caja de Amazon o de zapatos. Ahora escribe «Dios» en la caja.

Cada vez que tengas una preocupación, carga, tentación o pensamiento desbocado, escríbelo en un trozo de papel. Puedes escribir:

- Tengo miedo de que vayan a despedirme.
- Me preocupa mucho mi hijo de diecisiete años.
- Quiero usar el teléfono e ir a sitios *web* o a redes sociales a las cuales sé que no debo ir.
- No puedo pagar todas esas facturas.
- ¿Qué va a suceder con mi madre?
- Tengo muchas ganas de fumar.
- Nunca voy a cambiar.
- Estoy constantemente enojado con mi cónyuge.

Escríbelo y colócalo en tu caja de Dios. Cuando lo hagas, ora: «Dios, estoy confiando en ti en cuanto a este asunto. Sé que tú tienes el control. Sé que eres más grande que esto. Este no es un pensamiento que quiero tener, así que te lo doy a ti».

Una vez que ores y pongas el problema en la caja, continúa con tu vida.

Desde ese punto en adelante, si decides que quieres preocuparte por cualquiera de esas cosas, ve a la caja de Dios, sácala y dile a Dios: «No confío en ti en cuanto a este asunto. Te lo voy a quitar».

Cuando leíste ese último enunciado, seguramente pensaste: *Jamás podría decirle eso a Dios*, pero cada vez que nos preocupamos o entramos en pánico, eso es lo que estamos diciéndole a él.

Así no es como queremos vivir y no necesitamos vivir así. Pablo nos dijo: «El Señor está cerca», así que necesitamos colocarnos en la presencia de Dios y ser persistentes en la oración. Pablo nos dijo que podemos echar todas nuestras ansiedades sobre Dios, porque él tiene cuidado de nosotros. Nuestros pensamientos intentan traicionarnos, pero sabemos que:

- Si es algo lo suficientemente grande como para preocuparse, entonces es lo suficientemente grande como para orar por ello.
- Si está en tu mente, entonces está en el corazón de Dios.

«Por tanto, acerquémonos con confianza al trono de la gracia para que recibamos misericordia, y hallemos gracia para la ayuda oportuna» (Hebreos 4:16).

QUIÉN, NO QUÉ

Una semana en particular en aquel terrible, horrible, nada bueno y sí muy mal verano de 2019, tuve poco menos de dos días de estudio, con cuatro mensajes completos por escribir y predicar.

Además, uno de esos era el mensaje de fin de semana de nuestra iglesia, que es muy importante.

Y estaba el mensaje para todo nuestro personal, que es crucial porque es una de las únicas cuatro veces en el año cuando todos los empleados de nuestra iglesia se reúnen. Estas reuniones dirigen la cultura y la pasión espiritual de la iglesia.

Y un mensaje para uno de mis ministerios favoritos, Hope is Alive, un grandioso grupo de personas que está venciendo las adicciones. Y un *podcast* de liderazgo que, francamente, puede alcanzar tanta gente como todos lo demás combinados.

Estaba sentado en mi escritorio, trabajando en el mensaje para nuestra iglesia. El tema era: «La perspectiva de la alabanza». No me estaba saliendo bien. Por eso comencé a sentirme incluso más ansioso. Pensé: *No puedo terminar esto. Tengo tres más que hacer. No puedo hacerlo. No va a funcionar.* Repentinamente tuve problemas para respirar. Me di cuenta de que estaba dejando que mis pensamientos negativos me empujaran al pánico total.

Se me ocurrió una idea: *Estoy escribiendo un mensaje diciéndole a la iglesia que alabe a Dios. Tal vez deba alabar a Dios.*

Luego, otro pensamiento: *Pero no quiero. Quiero terminar este mensaje.*

Vamos a retroceder un poco en el pasado. Pablo estaba en prisión. No por un crimen, sino por hablar de Jesús. Podía ser ejecutado. Entonces escribe a sus amigos en Filipos: «Regocíjense en el Señor siempre» (Filipenses 4:4). Luego suena como tu mamá porque repite, en caso de que no estés escuchando: «*Otra vez lo diré otra vez: ¡Regocíjense!*».

Ese es un gran versículo para grabarlo en una taza de café con una linda letra cursiva: «¡Regocíjense en el Señor siempre!». Es perfecto para un imán de refrigerador. ¿Quizá para ponerlo en una tarjeta de felicitación? ¡Por supuesto! Es algo espiritual decirles a tus amigos: «¡Regocíjense en el Señor siempre!».

Revelación total: detesto cuando la gente me cita ese versículo a mí. Si estoy en medio de una situación difícil, o si se me pinchó un neumático y afuera hay un calor ardiente, o acabo de enterarme de que necesito que me extraigan un diente, o mi hijo está enfermo. «Craig, ¡lo que necesitas es regocijarte en el Señor siempre!».

Una de las razones por las que lo detesto es que tengo que preguntarme acerca de la persona que lo dice. *¿Te regocijas en el señor siempre? ¿En verdad?*

Podrías preguntarte acerca de Pablo. ¡Le dijo a la gente que se regocijara en el Señor cuando estaba en la cárcel! Pero ¿se regocijó él en el Señor cuando estaba en prisión?

Claro que lo hizo.

La celda de la cárcel de Roma desde la que Pablo escribió a sus amigos en Filipos no fue el primer lugar en el que él estuvo preso. Pablo a menudo era encarcelado por predicar a Jesús. Leemos acerca de una de esas ocasiones en Hechos 16. Curiosamente, esta vez Pablo estaba en la cárcel de Filipos.

Estaba con su amigo Silas. Supongo que Pablo lo llamaba «Si». Considero que si tu amigo no tiene un apodo, no es un verdadero amigo.

Pablo y Silas sanaron a una mujer, algo que enfureció a algunas personas y provocó un disturbio.

«La multitud se levantó a una contra ellos, y los magistrados superiores, rasgándoles sus ropas, ordenaron que *los* azotaran con varas. Después de darles muchos azotes, los echaron en la cárcel, ordenando al carcelero que los guardara con seguridad; el cual, habiendo recibido esa orden, los echó en el calabozo interior y les aseguró los pies en el cepo. Como a medianoche, Pablo y Silas oraban y cantaban himnos a Dios, y los presos los escuchaban» (Hechos 16:22-25).

Aunque a ti nunca te hayan rasgado la ropa ni azotado con varas, pudiste haber sido despojado de tu confianza, de tu fe y de tu dignidad, y golpeado con dudas, ansiedad y desprecio. Quizá puedas identificarte un poco con Pablo y Silas.

¿Puedes imaginártelos? Confinados en una prisión, yaciendo en el frío y duro suelo con las heridas abiertas, quizá una nariz fracturada, un par de costillas rotas. Sin doctor, enfermera, apósitos ni ibuprofeno.

¿Has estado en una situación como esa? Quizá golpeaste el suelo cuando supiste que alguien a quien amas tenía cáncer o que tu hijo estaba usando drogas, o que tu cónyuge te estaba siendo infiel. En esos momentos trágicos, ¿qué haces?

¿Qué hicieron Pablo y Silas?

Alabaron a Dios.

¿Qué estaba haciendo Pablo en la cárcel? Regocijándose siempre.

Me pregunto cómo lo hacían.

Tal vez Pablo se inclinó y dijo:

—Oye.

—¿Dime?

—Si, no estamos muertos.

—Es cierto, Pablo.

—Así que estaba pensando… Si no estamos muertos, no estamos acabados.

—¡Es correcto!

—¿Sabes qué más, Si? Nuestro Dios todavía está en el trono. Jesús ha resucitado, aún está a la diestra del Padre. ¡Está orando por nosotros!

—¡Sí!

—Si, creo que debemos darle algo de alabanza. ¿Por qué no lo adoramos?

No sé si así fue como ocurrió, pero hay tres cosas que sé.

Primero, estaban alabando a Dios por el quién, no por el qué. Estaban llenos de sangre y vendados en la prisión. Si tú les preguntaras: «¿Por qué están alabando a Dios?», no creo que hubiera algo que ellos pudieran señalar. No estaba sucediendo nada bueno, pero su Dios aún era bueno. No estaban alabando a Dios por el qué. Estaban adorándolo por el quién. Tú puedes hacerlo también.

Tus circunstancias pueden ser malas, pero tu Dios aún es bueno. Él está cerca, sus promesas aún son verdad, su amor aún es incondicional, su gracia todavía es sorprendente, su tiempo todavía es perfecto.

Puede que no te gusten los qué de lo que está ocurriendo, pero aún puedes alabar a Dios por lo que él es.

> « **TUS CIRCUNSTANCIAS PUEDEN SER MALAS, PERO TU DIOS AÚN ES BUENO.** »

Segundo, estaban alabando a Dios antes de la provisión.

Así que a menudo postergamos alabar a Dios hasta que él provee lo que queremos. Piensa esto. ¿No te pareces a un niño mocoso que se cree que tiene derechos? *No seré agradecido hasta que obtenga exactamente lo que quiero.* Somos mejores que eso y, lo que es más importante, Dios se merece algo mejor. Pablo y Silas alabaron a Dios antes de que él respondiera sus oraciones o cambiara sus circunstancias. Ese es el tipo de persona que quiero ser.

Tercero, estaban alabando a Dios y *entonces* él se manifestó. Pablo y Silas estaban adorando a Dios en medio de la noche y ¡cataplum!, Dios se manifestó. «De repente se produjo un gran terremoto, de tal manera que los cimientos de la cárcel fueron sacudidos. Al instante se abrieron todas las puertas y las cadenas de todos se soltaron» (Hechos 16:26).

Ellos no alabaron a Dios porque se manifestó, Dios se manifestó porque ellos lo alabaron.

Me pregunto si es posible que hayas alabado a Dios para que se te manifestara en alguna forma, pensando que estarás agradecido y lo alabarás cuando lo haga, mientras que Dios está esperando que seas agradecido y lo alabes, y no se manifestará hasta que tú lo hagas.

Así que regocijémonos en el Señor siempre. Adorémoslo hoy, no importa nuestro qué, sino lo que él es. Adorémoslo y (alerta de *spoiler*) Dios se manifestará. Hará temblar tu celda, tus cadenas caerán y las puertas se abrirán.

Pablo les escribió «Regocíjense en el Señor siempre» a sus amigos en Filipos desde su celda en Roma, porque ya había estado en celdas antes, incluyendo esa misma de Filipos. Sabía lo que sucede cuando alabamos a Dios incluso antes de que él provea. Dios se manifiesta. Dios se luce.

Eso fue lo que me ocurrió a mí. Recuerda, estaba sentado en mi escritorio con cuatro mensajes por escribir. En el que estaba trabajando, «La perspectiva de la alabanza», me pareció que no estaba funcionando nada. El pánico se estaba apoderando de mí. Se me ocurrió una idea: *Estoy escribiendo un mensaje diciéndole a la iglesia que alabe a Dios. Tal vez deba alabar a Dios.* Luego, otro pensamiento: *No quiero.*

En ese momento mi amígdala y mi corteza prefrontal comenzaron a discutir.

Pero Craig, vas a decirles que alaben a Dios. ¿No tiene sentido que lo hagas?

¿Sabes qué, Groeschel? No necesitamos tu opinión.

¡Vamos, Craig! Invierte un tiempo adorando. Eso es lo que les vas a decir que hagan. Hazlo tú.

Escucha, Groeschel, yo se los diré. Yo soy el pastor; ese es mi trabajo. Me escucharán. Pero no quiero hacerlo.

¿En serio, amigo?

Bien, de acuerdo.

Comencé a intentar alabar a Dios. Sin embargo, sinceramente, no tenía mucha fe en ello. No era alabanza profunda. Se parecía más a: *Muy bien, Dios. Bueno, estoy muy convencido de que aún estás aquí. Supongo. Pero tengo todos esos mensajes que escribir. Podrías ayudarme. Sería lindo. De todos modos, sé que estás allí. Creo que vas a hacer algo. Es decir, has hecho mucho por mí antes. En realidad, ya he estado en esta circunstancia anteriormente y siempre me has ayudado. Realmente eres un buen Dios. Todo el tiempo. Dios, tú eres bueno. Dios, confío en ti. Dios, siempre me provees. Te amo, Dios. Estoy muy agradecido, Dios.*

Luego comencé a llorar.

Mi espíritu comenzó a quebrantarse y mi ética laboral pasó a un segundo plano. Mi irritabilidad se convirtió en intensa alabanza. Me di cuenta de que estaba celebrando un servicio de alabanza completo. Justo ahí en mi escritorio. Solo Dios y yo.

Él se manifestó en medio de mi alabanza. Confieso que mi alabanza comenzó poco entusiasta, pero Dios siempre tiene gracia conmigo y se manifestó de todas formas.

Es tiempo de que fijemos nuestros pensamientos en Dios, que le demos alabanza por lo que él es, sin importar lo que pueda o no estar haciendo. Cuando lo alabamos, él se manifiesta.

Cuando se manifieste, cambiará nuestra forma de pensar.

Si cambiamos nuestros pensamientos, cambiamos de vida.

¿Adivina qué? Incluso cambiarán más cosas. Cuando alabamos a Dios, también cambia nuestra perspectiva y nuestro cerebro. Y hacia allí nos dirigimos ahora.

— EJERCICIO 11 —

TU CAJA DE DIOS

EL EJERCICIO DE ESTE CAPÍTULO SIMPLEMENTE ES HACER con exactitud lo que te recomendé en la sección llamada «La caja de Dios».

Consigue una caja, escribe tus problemas, ora por ellos y ponlos dentro. Entiendo que hacer esto puede ser un poco extraño al principio, pero hay algo especial en el simbolismo y el acto de poner tus problemas en la caja y dárselos a Dios. Y después, si decides preocuparte, sácalos y confiesa tu lucha a Dios. ¿Qué tal si este simple ejercicio cambia tu vida de oración y lo que Dios hace en ti? Eso valdría cualquier esfuerzo, ¿no?

CAPÍTULO 12

MIRA A TRAVÉS, NO HACIA

TENGO QUE CONFESAR UNA COSA. BUENO, DOS.

Primero, pensaba que tú mentías. En realidad, pensaba que cada persona del planeta Tierra estaba mintiendo. ¿Mentir acerca de qué?, te preguntarás. Eso es lo que dice Magic Eye.

Magic Eye* es la imagen llena de pequeños puntos que parecen no ser nada sino una mezcla de colores. Pero algunas personas, muchas, dicen que si la miras en la forma correcta, surgirá una imagen tridimensional. Repentinamente, estás viendo un circo o unos caballos o un águila surcando el cielo. Bueno, yo nunca pude ver la imagen mágica de tercera dimensión. Creía que todos estaban mintiendo.

Pero mi segunda y verdadera confesión es: creo que tengo una discapacidad para el Magic Eye. Acepté mi inhabilidad como una cruz que tengo que cargar; hasta aquel día durante unas vacaciones

---

* Nota del traductor. *Magic Eye* (ojo mágico) es el nombre de una serie de libros publicados por *Magic Eye, Inc.*, que presentan autostereogramas, imágenes que dan la ilusión de que son tridimensionales a partir de una imagen bidimensional.

familiares en el que las estrellas se alinearon. Visitamos un museo de cera. (Aunque no me enorgullezco de eso). Entre todas las estatuas de cera estaba —efectivamente— una imagen de Magic Eye.

Decidí que había ido al museo para eso. No me iba a ir hasta ver algo en tercera dimensión. Moriría en ese tonto museo si tenía que hacerlo. Necesitaba un guía de Magic Eye para que me llevara a través de esa tierra prometida, así que le pedí a un adolescente que trabajaba allí que me ayudara.

Comenzó a instruirme al estilo de Bill y Ted*. «Amigo, solo tienes que... como... bueno, sentarte en cuclillas, ¿sí sabes cómo? Como si fueras a atrapar una pelota en el suelo».

Yo jugaba pelota, así que me puse en posición.

Me dijo: «Bien, amigo. Ahora no la mires. Ve *a través* de ella».

Yo estaba confundido. ¿Cómo miras a través de ella?

Algo impaciente, me animó: «Ya sabes, mira a través de ella. No *como* mirarla. Sino *mirando* más allá de ella. Mira más allá. Mira a través de».

Miré a través de ella. Seguí mirando a través de ella. La miré por tanto tiempo, que creo que al final me embriagué. No estoy seguro de que técnicamente puedas embriagarte mirando a través de una imagen de Magic Eye, pero eso fue lo que me ocurrió. Estaba en cuclillas, listo para atrapar un balón en el suelo, mirando no hacia sino a través, *como* más allá, ¡cuando sucedió! ¡Tres delfines tridimensionales saltaron en la imagen! Estaba tan emocionado, que levanté mis manos en señal de victoria. *Perdido estaba, mas fui hallado. ¡Fui ciego, mas veo hoy... delfines tridimensionales!*

---

* Nota del traductor. Bill y Ted son los personajes de una serie de películas de comedia de ciencia ficción que viajan en el tiempo para reunir figuras históricas para su presentación de historia de la preparatoria.

Cuando levanté las manos al aire, los perdí. Perdí a los delfines. Nunca los volví a ver. Pero no hay duda de que lo que ocurrió entre nosotros fue real. Los delfines lo sintieron. Mi amigo guía lo sintió. Es probable que nunca volvamos a encontrarnos, pero siempre recordaremos ese museo de cera.

Si tú eres un discapacitado en cuanto a Magic Eye como yo, pero quieres tener una cita de ensueño con algunas amistosas criaturas marinas, permíteme ser tu guía: mira a través de la imagen y más allá. No mires a la imagen.

Desarrollar ojos mágicos es cuestión de perspectiva.

Cuando practicamos la presencia de Dios (siempre conscientes de que él está cerca) oraremos, y cuando oremos, eso nos lleva a alabar. Alabar a Dios es, por completo, cuestión de perspectiva. Un cambio de perspectiva nos lleva a alabar a Dios y alabar a Dios cambia nuestra perspectiva.

« **ALABAR A DIOS ES, POR COMPLETO, CUESTIÓN DE PERSPECTIVA.** »

La cuarta herramienta que he aprendido y que ha impactado poderosamente mi pensamiento y mi vida es el Principio del regocijo: Reaviva tu alma, recupera tu vida. Me mantengo consciente de la presencia de Dios; lo alabo. Cuando ya he tenido suficiente, oro, poniendo mis preocupaciones en mi caja de Dios. Alabo a Dios (por el quién, no por el qué) aun cuando no lo desee.

Y siento que mi perspectiva cambia.

MIRA LO QUE ESTÁ BIEN

Pablo quería estar en Roma, pero no en una celda. Quería predicar, no ser prisionero. Nada estaba saliendo como él lo habría esperado. Desde esa cárcel, en cadenas, Pablo escribió su carta a los Filipenses. ¿Recuerdas cuando vimos en la tercera parte la manera en que Pablo reestructuró aquello por lo que estaba atravesando? En lugar de quejarse de que no podía predicarles a los oficiales gubernamentales como quería, alabó a Dios por la oportunidad que se le había dado de predicar a los guardias de la prisión. No se sintió frustrado; estaba emocionado. Escribió: «En esto me regocijo». Luego agregó: «Sí, y me regocijaré. Porque sé que esto resultará en mi liberación mediante las oraciones de ustedes y la provisión del Espíritu de Jesucristo, conforme a mi anhelo y esperanza de que en nada seré avergonzado, sino *que* con toda confianza, aun ahora, como siempre, Cristo será exaltado en mi cuerpo, ya sea por vida o por muerte. Pues para mí, el vivir es Cristo y el morir es ganancia» (Filipenses 1:18-21).

Aunque todo parecía negativo, Pablo eligió ver lo positivo. Estaba mirando no hacia sino a través de las cosas. Estaba viendo la imagen que Dios quería que viera y que los demás no podían ver. Por eso es que, continúa la carta, escribió: «El Señor está cerca» (Filipenses 4:5) y «Por nada estén afanosos (v. 6)», y «la paz de Dios, que sobrepasa todo entendimiento, guardará sus corazones y sus mentes en Cristo Jesús» (v. 7). Por eso es que él pudo decir a sus lectores: «Regocíjense en el Señor siempre» (v. 4).

¿Cómo podía alabar a Dios en la cárcel? Perspectiva. No es cuestión de la prisión, sino de la perspectiva.

Cuando miramos a través de las circunstancias con perspectiva, sabemos que siempre hay razón para alabar a Dios.

¿Recuerdas cuando regresé de mi viaje infernal y decidí comenzar a ver a un consejero? En una de las citas él me preguntó: ¿Qué tan mal está la situación?

Le dije: «Estoy en problemas».

Pasamos por una larga serie de preguntas. Al final mi consejero dijo: «Bueno, le tengo muy buenas noticias. No tiene tantos problemas».

Dije: «No, usted no comprende. *Estoy* en problemas».

Sonrió. «No, usted no comprende. No tiene tantos problemas. Quiero decir, yo sé lo que es tener problemas y usted no tiene tantos. Usted tiene algo que es muy real, pero cuando mira todo lo demás, realmente tiene cosas muy buenas en la vida».

Debido a que estaba en modo de pánico, lo miré sospechosamente. Dijo: «Físicamente, está en muy buena forma. Su dieta es casi perfecta. No está abusando de ningún tipo de sustancia. Está ridículamente enamorado de su esposa. Tiene una muy buena relación con sus hijos. No se está perdiendo los eventos familiares. Tiene relaciones increíbles a su alrededor, mucha gente que realmente se preocupa por usted».

Yo asentí. Porque tenía razón.

El consejero continuó. «Hay tantas cosas que están bien. La razón por la que está entrando en pánico es que solo está mirando lo que está mal. No olvide también mirar lo que está bien».

Dio en el clavo. Yo estaba mirando hacia las cosas, no a través de ellas. Estaba viendo mis problemas y había perdido la perspectiva de todas las formas en que Dios había bendecido mi vida. Me fui de la oficina del consejero alabando a Dios.

No sé qué problemas estés viendo ahora. Puede que tengas uno grande, uno complicado y uno molesto. No estoy minimizando tus problemas. Sé que son reales. Pero no olvides mirar a través de ellos. Mira todo el panorama. ¿Tienes familia? ¿Amigos?

¿Una iglesia? ¿Tu salud? ¿Un hogar? ¿Algo de comida en el refrigerador? ¿Algo de dinero en el banco? ¿Tu fe?

No solo mires lo que está mal. Mira lo que está bien. Puedes tomarte un minuto para escribir todas las cosas buenas. Literalmente cuenta tus bendiciones y agradece a Dios por ellas.

Un cambio de perspectiva nos lleva a alabar a Dios.

Y alabar a Dios cambia nuestra perspectiva.

> **UN CAMBIO DE PERSPECTIVA NOS LLEVA A ALABAR A DIOS. Y ALABAR A DIOS CAMBIA NUESTRA PERSPECTIVA.**

A menudo vemos esto en los salmos. El salmista puede comenzar relatando lo que está mal en su vida: enemigos que están atacando, se siente rechazado por Dios, ha sido falsamente acusado, tiene una pésima cobertura celular. Entonces se ordena a sí mismo que alabe a Dios de todas formas. Aquí hay algunos ejemplos:

- «¿Por qué te desesperas, alma mía, y *por qué* te turbas dentro de mí? Espera en Dios, pues he de alabarlo otra vez *por* la salvación de Su presencia». (Salmos 42:5)
- «Bendice, alma mía, a Jehová, y bendiga todo mi ser su santo nombre. Bendice, alma mía, a Jehová, y no olvides ninguno de sus beneficios». (Salmos 103:1, 2, RVR1960)
- «Alaba, oh alma mía, a Jehová. Alabaré a Jehová en mi vida; cantaré salmos a mi Dios mientras viva». (Salmos 146:1, 2, RVR1960)

El salmista está leyendo en la Versión Mala Perspectiva pero se obliga a alabar a Dios, y entonces ¡pum!, una perspectiva transformada:

- «De día mandará el SEÑOR Su misericordia, y de noche Su cántico *estará* conmigo; *elevaré* una oración al Dios de mi vida». (Salmos 42:8)
- «El SEÑOR ha establecido Su trono en los cielos, y Su reino domina sobre todo. Bendigan al SEÑOR, ustedes Sus ángeles, poderosos en fortaleza, que ejecutan Su mandato, obedeciendo la voz de Su palabra. Bendigan al SEÑOR, ustedes todos Sus ejércitos, que le sirven haciendo Su voluntad. Bendigan al SEÑOR, ustedes todas Sus obras, en todos los lugares de Su dominio. Bendice, alma mía, al SEÑOR». (Salmos 103:19-22)

Eso fue lo que me sucedió en el escritorio ese día. Estaba en medio del pánico, pero me obligué a alabar, y alabar a Dios cambió mi perspectiva. Pasé de mirar mis problemas y ver obstáculos abrumadores a mirar a través de mis problemas y ver a un Dios omnipotente que estaba ahí junto a mí.

Alabar a Dios cambia nuestra perspectiva.

Y alabar a Dios cambia nuestro cerebro.

Eso también está comprobado.

La alabanza, como la oración, afectan la amígdala cerebral, disminuyendo el mecanismo de lucha o huida.[10] Incluso se ha demostrado que adorar a Dios reduce el ritmo cardíaco, la presión arterial, los niveles de glucosa en sangre y los marcadores séricos de inflamación.[11]

Eso no es todo.

¿Recuerdas al doctor Newberg, el científico del cerebro? Él ha probado que alabar y adorar a Dios provoca cambios cuantificables en el volumen y metabolismo del cerebro, especialmente en una parte del cerebro llamada el giro cingulado. Resulta que un incremento en el volumen del giro cingulado da como resultado un aumento en la capacidad del pensamiento compasivo y de los sentimientos.[12] De modo que, básicamente, cuanto más crezca el giro cingulado, te vuelves más empático.

Eso fue lo que me sucedió a mí. Ese día en mi escritorio, cuando estaba atorado mientras escribía un mensaje, me obligué a alabar a Dios. Alabarlo cambió mi perspectiva y me dio el mensaje. Momentos antes no se me ocurría ningún sermón, pero me sentí abrumado por ello.

Estaba escribiendo un mensaje acerca de una perspectiva de la alabanza, incluso en medio de la ansiedad. Me di cuenta de que no había luchado mucho contra la ansiedad o la falta de ganas de alabar a Dios. En el pasado no podía tener una profunda empatía por la gente a la que le hablaba, porque nunca la había sentido realmente. Pero mi miserable verano de angustia me había puesto en ese lugar, y había tenido que aprender cómo fijar mis pensamientos y luchar para salir de él. Fue entonces cuando me di cuenta. Con una mala perspectiva, *ya he tenido suficiente y no puedo manejar esto*, pero a través de una perspectiva de alabanza, *quiero que sepan, hermanos y hermanas, que lo que me ha sucedido ha servido para hacer avanzar el evangelio.*

Sentí mayor compasión por la gente que lucha. No sé si fue porque estaba inflando mi giro cingulado, pero supe que no podía esperar para difundir ese mensaje con la gente lastimada.

La alabanza cambió mi perspectiva.

Supe que cambiaría la de ellos.

Y sé que cambiará la tuya.

NO BAJES LA GUARDIA

No soy bueno con Magic Eye, pero tengo serias habilidades con el control de los palos *nunchaku* para artes marciales. ¡En verdad! Soy legítimamente bueno con ellos. He tomado clases de varias artes marciales: aikido, taekwondo y jiujitsu. Además, he visto *Karate Kid* probablemente treinta veces y puedo hacer la patada de grulla del señor Miyagi como el mejor de ellos.

Mi mejor entrenamiento vino al trabajar con un amigo de la infancia llamado Jody Nolan. Jody, que es cinta negra en varias artes marciales, se convirtió en doble de riesgo profesional y en *sparring* de Chuck Norris.

Cuando estábamos en el undécimo grado, nos pusimos las almohadillas completas y el casco. Íbamos con todo. Sentí que podía defenderme. Pensé: *Realmente soy bastante bueno.* Fue entonces cuando Jody preguntó: «¿Estás listo para darle duro?». *Umm, pensé que ya estábamos yendo duro.* Sabía que no podía echarme para atrás, así que miré a Jody y le dije: «¡Venga!». Y Jody lo hizo. El problema fue que cuando dije «¡Venga!», creo que tuve un poco de miedo y bajé la guardia por un segundo. La cosa fue así:

Jody: «¿Estás listo para darle duro?».

Yo: «¡Venga!».

Jody: Envió algo —creo que tal vez un bloque de hormigón— a estrellarse contra mi rostro. (Después supe que Jody me golpeó con un puñetazo giratorio que nunca vi venir).

Yo: Repentinamente tirado de espaldas, con estrellas y pajaritos de dibujos animados girando sobre mi cabeza.

Jody: «¡Bajaste la guardia! Te dije que nunca bajes la guardia. Hagas lo que hagas, no bajes la guardia!».

A medida que nos acercamos al final de nuestra jornada, espero que vayas comprendiendo que tu forma de pensar determina muchas cosas. Tu vida siempre se mueve en la dirección que dictan tus pensamientos más fuertes. Lo que consume tu mente controla tu vida.

También espero que recuerdes que, por desdicha, tu mente está siendo atacada.

Después que nos anima a humillarnos y a echar toda nuestra ansiedad sobre Dios, Pedro escribió: «Sean *de espíritu* sobrio, estén alerta. Su adversario, el diablo, anda *al acecho* como león rugiente, buscando a quien devorar» (1 Pedro 5:8).

Pedro dijo: «Estén alerta». ¡No bajen la guardia! ¿Por qué? Porque tú tienes un enemigo, el diablo, y está buscando a quien devorar. El diablo siempre vendrá en contra tuya, siempre te golpeará con un *swing*, así que siempre debes mantener tus manos arriba.

¿Cómo hacemos eso?

Recuerda que Pablo escribió: «Por nada estén afanosos; antes bien, en todo, mediante oración y súplica con acción de gracias, sean dadas a conocer sus peticiones delante de Dios. Y la paz de Dios, que sobrepasa todo entendimiento, guardará sus corazones y sus mentes en Cristo Jesús» (Filipenses 4:6,7).

Pablo nos dice que hagamos peticiones y demos gracias. O podríamos decir, oración y alabanza. La promesa es que, si lo hacemos, Dios guardará nuestras mentes. Su paz guardará nuestras mentes.

La paz guarda tu corazón y tu mente.

La paz es precedida por la oración y la alabanza.

En una pelea, necesitas mantener ambas manos arriba para protegerte.

Piensa con la oración en una mano y con la alabanza en la otra. Necesitamos tener ambas manos levantadas.

Cuando alguien levanta ambas manos, puede ser para rendirse o para celebrar la victoria. Cuando levantamos las dos manos hacia Dios, se trata de ambas cosas: rendirnos a Dios y anticipar completamente la victoria que ya es nuestra, porque sabemos que somos más que vencedores por medio de aquel que nos amó.

El objetivo del diablo es tu mente. Su arma son las mentiras. Nunca dejará de intentar engañarte. Hay mentiras que te ha estado contando toda tu vida. Ahora mismo está buscando oportunidades para contarte nuevas mentiras. Probablemente está golpeándote con un *swing* mientras lees esto, y lo hará de nuevo en los próximos minutos, horas, días y semanas.

¿Qué hacemos?

Mantenernos en guardia.

Dirigirnos a Dios en oración y con alabanza.

Rendidos y triunfantes.

— EJERCICIO 12 —

EVALÚA LO QUE ESTÁ BIEN

¿Qué circunstancia o relación de tu vida necesitas dejar de ver en este momento y, en vez de ello, mirar a través de la circunstancia para ver lo que Dios está haciendo?

¿En qué circunstancia o relación de tu vida necesitas ahora mismo mirar lo que está bien en lugar de ver solo lo que está mal?

¿En qué circunstancia o relación de tu vida has bajado la guardia y sabes que necesitas levantar ambas manos a Dios, rindiéndote a él y anticipando plenamente la victoria?

ESCOGE LA GUERRA POR GANAR

YA QUE, COMO TÚ, CADA DÍA SIENTO QUE TENGO MÁS entre manos de lo que puedo manejar, dependo de Dios para renovar mi mente. La verdad de Dios es mi plan de batalla. Continúo creando nuevas trincheras de verdad para reemplazar las viejas con el fin de que me brinden caminos mentales que conduzcan a la vida y la paz.

Cuando me sienta distraído por las cosas de este mundo e impulsado a agradar a las personas en lugar de servir a Dios, me recordaré:

> Jesús es primero en mi vida.
> Existo para servirle y glorificarle.

Cuando empiece a deslizarme hacia el egoísmo y a dar por sentados a mi esposa e hijos, declararé por fe:

Amo a mi esposa y pongo mi vida para servirla.
Educaré a mis hijos para que amen a Dios y le
sirvan con todo su corazón.
Los nutriré, equiparé, capacitaré y empoderaré para
que hagan más por el reino de lo que jamás
creyeron posible.

Cuando tenga una actitud negativa hacia las personas y me encuentre criticando a los demás más que amándolos, lo escribiré, lo diré y lo repetiré hasta que lo crea:

Amo a la gente. Y creo lo mejor de los demás.

Cuando me sienta perezoso, apático y espiritualmente letárgico, me recordaré la verdad:

Soy disciplinado.
Cristo en mí es más fuerte que los malos deseos
en mí.

Cuando el diablo trate de tentarme para que me ensimisme, obsesione conmigo con la autodestrucción, diré por fe:

Me estoy acercando cada día más a Jesús.
Gracias a Cristo, mi familia está más unida, mi
cuerpo es más fuerte, mi fe es más profunda, mi
liderazgo es más agudo.

Cuando me sienta abrumado por mi llamado y dude de mi capacidad para liderar, elegiré creer que:

> Soy creativo, innovador, motivado, enfocado y bendecido sin medida porque el Espíritu de Dios habita dentro de mí.

Cuando vuelva a caer en mi antigua mentalidad negativa, preocupada u obsesionada con el dinero, recordaré:

> El dinero no es y nunca será un problema para mí. Mi Dios es un proveedor abundante que satisface toda necesidad.
> Como soy bendecido, siempre seré una bendición.
> Guiaré a los demás con una generosidad irracional, porque sé que es realmente más bienaventurado dar que recibir.

Cuando no me sienta apto para ayudar a los demás a tener éxito, me recordaré que:

> Yo desarrollo líderes. No es algo que hago; es lo que soy.

Cuando sienta lástima por mí porque mi llamado es difícil o los críticos se escuchan a un alto volumen, recordaré:

El dolor es mi amigo.

Me regocijo en el sufrimiento, porque Jesús sufrió

por mí.

Cuando comience a pensar que lo que hago no importa y que no estoy marcando una diferencia, contrarrestaré esa mentira con la verdad:

Yo doy lo máximo y todavía un poco más.

Lo que doy después de dar lo máximo es lo que

marca la diferencia.

El mundo será diferente y mejor porque serví a

Jesucristo hoy.

¿Dónde necesitas *tú* a Jesús hoy, en este momento?

¿En qué están fallando tus pensamientos acerca de esta verdad vivificadora?

¿Estás atrapado en una trinchera negativa, hiriente y venenosa?

¿Qué harás?

Utilizarás las cuatro herramientas que Dios nos ha dado para arreglar nuestros pensamientos y ganar la guerra en nuestra mente: (1) el principio del reemplazo, (2) el principio del recableado, (3) el principio del replanteamiento y (4) el principio del regocijo.

1. Eliminarás la mentira y la reemplazarás con la verdad. Sabemos que tenemos un enemigo que está tratando de destruirnos. Su arma es la mentira. Nuestra debilidad es creer las mentiras y, con solo una que creamos, afectará nuestra vida como si fuera verdad.

El problema es que no caemos en cuenta de que las mentiras que creemos son mentiras. Si lo supiéramos, no las creeríamos. Con suerte, las mentiras que necesitas derrotar ahora son claras.

2. *Crearás nuevas trincheras de verdad.* Nuestros cerebros tienen vías neuronales (trincheras mentales que creamos al tener repetidamente los mismos pensamientos), lo que desencadena nuestra respuesta automática a estímulos externos. Para detener un comportamiento, necesitamos eliminar la mentira subyacente y reemplazar la vía neuronal. Cavamos trincheras de verdad.

¿Cómo?

Renovamos nuestra mente con la verdad de Dios. A medida que interiorizas los versículos bíblicos, se convertirán en tu nueva forma de pensar y responder.

Formarás declaraciones personales, las escribirás, las pensarás y las confesarás hasta que las creas. Estas declaraciones de la verdad de Dios acerca de ti se convertirán en tus nuevos caminos mentales hacia la vida y la paz.

3. *Replantearás y preplantearás.* No podemos controlar lo que nos sucede, pero podemos controlar cómo lo percibimos. Todos tenemos sesgos cognitivos que nos hacen ver las cosas de formas que no reflejan la realidad. Pero tenemos el poder de hacer un replanteamiento cognitivo, al cambiar la forma en que vemos el pasado y el futuro.

4. *Cambiarás tu perspectiva a través de la oración y la alabanza.* Es fácil sentirse abrumado por todo lo que está sucediendo, pero cuando hemos tenido suficiente, Dios es suficiente.

Dios no solo es suficiente; Dios también está cerca. Permanecemos conscientes de su presencia. Hacerlo, nos lleva a orar. En lugar de preocuparnos, ponemos todos nuestros temores en nuestra caja de Dios, confiando en su amor y provisión para nosotros. Orar cambia nuestro cerebro, al igual que alabar a Dios. Lo alabamos por *lo que* es, aunque el *qué* no sea lo que queremos. Al alabar a Dios, él se manifiesta y nos da tranquilidad.

Decide hoy que no pensarás como el resto del mundo. Dejarás que Dios renueve tu mente.

En lugar de obsesionarte con lo que ves, fija tus pensamientos en Jesús. Él te hizo. Te sostendrá. Puede llevarte, fortalecerte y empoderarte para que hagas aquello para lo que te ha llamado.

¡Así que no bajes la guardia! Lleva cautiva cada mentira que tu enemigo susurre en tu oído. Tú sabes que no eres alguien que necesite algo más que Dios, porque sabes que Dios lo es todo.

No estás controlado por el miedo.

No estás atorado.

No eres esclavo de tus hábitos.

No eres prisionero de tus adicciones.

No eres una víctima.

No estás fracasando.

No eres desagradable.

No eres indigno de amor.

No eres tu pasado.

No eres lo que hiciste.

No eres lo que otra persona te hizo.

No eres lo que otros dicen.

No eres lo que dicen tus pensamientos malsanos.

No estás acabado.

Tú. Eres. Quien. Dios. Dice. . .

A causa de Cristo:

Eres amado.

Perdonado.

Sano.

Nuevo.

Has sido redimido.

Eres libre.

Bendecido.

Fuerte y poderoso.

Has sido escogido.

Has sido empoderado.

Eres un arma de justicia en un mundo de tinieblas.

Permite que la verdad sobre ti penetre gota a gota, que se convierta en un torrente y te transforme.

Tu Dios está contigo. Nunca te dejará ni te desamparará.

Tu Dios está a tu favor. Luchará por ti. Ningún arma forjada contra ti prosperará. Eres más que vencedor por medio de él.

Tu Dios es suficiente para ti. Es más que suficiente.

Nada podrá separarte de su amor. Ni la muerte. Ni los demonios. Ni lo presente ni lo pasado. Nada podrá separarte del amor de Dios que es en Cristo Jesús Señor nuestro.

Permite que Dios cambie tu forma de pensar.

Él transformará tu vida.

EPÍLOGO

Por Amy Groeschel

MI MARIDO, CRAIG, ES MI MEJOR AMIGO Y UNA DE LAS personas más piadosas que he conocido. Su vida se caracteriza por un buen fruto espiritual, aunque no es perfecto. Su vida, como la de todos los demás, es una obra en progreso. Y este libro es un reflejo de más trabajo duro de lo que puedo describir. Cuando digo trabajo duro, no me refiero solo a las horas de investigación, escritura y reescritura. Estoy hablando del arduo trabajo de renovar su mente de la negatividad crónica para creer y vivir la verdad de Dios.

Cuando la gente se jacta de mi esposo, habla de su pasión, de su liderazgo de servicio, de su don de comunicar claramente el evangelio y de su autodisciplina. He estado casada con él treinta años, y puedo decirte por experiencia propia que realmente es un hombre que va en pos del corazón y la gloria de Dios. Pero lo que la gente quizá no ve es que las admirables cualidades de Craig son testimonio de una fe vencedora que ha soportado años de librar una guerra contra pensamientos desalentadores en su mente.

Como muchas personas, Craig siempre ha sido duro consigo mismo. Ya fuera al competir en un deporte, al predicar un sermón o al dirigir a nuestra familia, a menudo quedaba decepcionado por no hacerlo mejor. Mientras la gente lo miraba y lo admiraba, internamente él luchaba con pensamientos como: *Nunca podré estar a la altura* o *No tengo lo que se necesita*.

Sus pensamientos negativos no se limitaban a la crítica personal, sino que Craig a menudo se preocupaba y se obsesionaba con lo que vendría. En lugar de tener pensamientos de fe, su mente parecía desviarse hacia la preocupación y la ansiedad.

Como una esposa que ama tanto a su esposo, hice todo lo posible para alentarlo, hablarle y orar por él. Lentamente, pero de manera segura, Craig reconoció que estaba perdiendo una guerra en su mente. Una vez que reconoció por lo que era (una batalla espiritual), la actitud de Craig cambió. Si hay algo que puedo asegurarles sobre mi marido es que se niega a perder una batalla.

Cuando se dio cuenta de que estaba permitiendo que nuestro enemigo espiritual desviara su fe, Craig se defendió con un desagravio espiritual. Comenzó con el estudio de cualquier versículo de la Biblia que mencionara la mente o la manera de pensar. Los memorizó e interiorizó. Entonces comenzó a aprender cómo creó Dios nuestra mente para que funcionara. Cuando descubrió que nuestros cerebros crean vías neuronales que facilitan seguir teniendo los mismos pensamientos, se volvió más decidido y se animó más en el sentido de que podría ganar esa batalla en su mente.

Segunda de Corintios 10:3-5 se convirtió en su arma más fuerte en la batalla. Pablo escribe: «Pues aunque andamos en la carne, no luchamos según la carne. Porque las armas de nuestra contienda no son carnales, sino poderosas en Dios para la destrucción de fortalezas; destruyendo especulaciones y todo razonamiento altivo que se levanta contra el conocimiento de Dios, y poniendo todo pensamiento en cautiverio a la obediencia de Cristo».

Eso fue exactamente lo que hizo Craig. Comenzó a nombrar y anotar cualquier pensamiento que fuera incompatible con la verdad de Dios. Capturó todos los pensamientos erróneos, las voces desalentadoras y las mentiras hirientes que resonaban en su mente.

Entonces, uno por uno, encontró versículos bíblicos que corrigieran los pensamientos dañinos con verdades espirituales alentadoras.

Fue entonces cuando comenzaron a ocurrir los cambios positivos.

En poco tiempo, Craig había creado una lista de declaraciones espirituales positivas y llenas de fe diseñadas para renovar su mente con la verdad. Al meditar sobre esta, desprogramó su mentalidad negativa y temerosa. Su mente estaba siendo renovada y su fe se estaba fortaleciendo. Vi su cambio de actitud y de comunicación.

Craig ahora está lleno de la paz y la esperanza de Dios. Su mente está fundada en la Palabra de Dios. Su confianza está firmemente depositada en Cristo y no en sus dones, talentos o fortalezas.

Es obvio para mí que Dios está haciendo la hermosa obra de perfeccionar a Craig, y a mí. Como has estado leyendo este libro, supongo que él también está trabajando en ti. Estoy muy agradecida de que Dios no nos deje atorados donde estamos, sino que esté comprometido con que lleguemos a ser como Cristo.

A veces la gente se pregunta si nuestro matrimonio es realmente tan fuerte como parece. Te diré con humildad y mucha gratitud que sí lo es. Pero las relaciones buenas y fuertes no vienen sin mucho esfuerzo. En el matrimonio, llegamos a ver de cerca las luchas del otro, y tenemos la maravillosa oportunidad de servir a nuestro cónyuge diariamente con gracia, oraciones y aliento vivificante. Craig tenía una guerra activa en su mente. Con la ayuda de Cristo, está ganando esa guerra. Hizo la obra de cambiar su manera de pensar, y Dios lo ha cambiado.

Estoy agradecida por esta oportunidad de comunicar cuánto lo amo, algo que siempre haré, y muy orgullosa de su plena devoción a nuestro salvador, Jesús.

Quiero animarte: no te desanimes. Con Jesús, puedes ganar la guerra en tu mente. Tú *puedes* cambiar tu manera de pensar y Dios puede cambiar tu vida.

VERSÍCULOS BÍBLICOS
PARA GANAR LA GUERRA

USA ESTOS PASAJES BÍBLICOS EN LOS EJERCICIOS QUE
aparecen al final de cada capítulo. Mejor aún, memorízalos y
medita en ellos diariamente. Permite que las palabras de Dios
renueven tu mente.

- Las Escrituras citadas se enumeran en el orden en que
  aparecen en el libro.
- Cuando se hace referencia a alguna Escritura en el libro,
  se incluye el versículo o pasaje completo.
- Algunos versículos se repiten en cada una de las cuatro
  partes.

INTRODUCCIÓN

Por lo demás, hermanos, todo lo que es verdadero, todo
lo digno, todo lo justo, todo lo puro, todo lo amable, todo

lo honorable, si hay alguna virtud o algo que merece elogio, en esto mediten. Lo que también han aprendido y recibido y oído y visto en mí, esto practiquen, y el Dios de paz estará con ustedes

—FILIPENSES 4:8-9

Porque cual es su pensamiento en su corazón, tal es él.

—PROVERBIOS 23:7 (RVR1960)

PRIMERA PARTE:
EL PRINCIPIO DEL REEMPLAZO

Desecha las mentiras, reemplázalas con la verdad

Porque no nos ha dado Dios espíritu de cobardía, sino de poder, de amor y de dominio propio.

—2 TIMOTEO 1:7

Pues no luchamos contra enemigos de carne y hueso, sino contra gobernadores malignos y autoridades del mundo invisible, contra fuerzas poderosas de este mundo tenebroso y contra espíritus malignos de los lugares celestiales.

—EFESIOS 6:12 (NTV)

El ladrón solo viene para robar, matar y destruir. Yo he venido para que tengan vida, y para que *la* tengan *en* abundancia.

—JUAN 10:10

Ya que queríamos ir a ustedes, al menos yo, Pablo, más de una vez; pero Satanás nos lo ha impedido.

−1 TESALONICENSES 2:18

Sean *de espíritu* sobrio, estén alerta. Su adversario, el diablo, anda *al acecho* como león rugiente, buscando a quien devorar.

−1 PEDRO 5:8

Ustedes son de *su* padre el diablo y quieren hacer los deseos de su padre. Él fue un asesino desde el principio, y no se ha mantenido en la verdad porque no hay verdad en él. Cuando habla mentira, habla de su propia naturaleza, porque es mentiroso y el padre de la mentira.

−JUAN 8:44

Porque lo que hago, no lo entiendo. Porque no practico lo que quiero *hacer*, sino que lo que aborrezco, eso hago. Y si lo que no quiero *hacer*, eso hago, estoy de acuerdo con la ley, *reconociendo* que es buena. Así que ya no soy yo el que lo hace, sino el pecado que habita en mí. Porque yo sé que en mí, es decir, en mi carne, no habita nada bueno. Porque el querer está presente en mí, pero el hacer el bien, no. Pues no hago el bien que deseo, sino el mal que no quiero, eso practico. Y si lo que no quiero *hacer*, eso hago, ya no soy yo el que lo hace, sino el pecado que habita en mí. Así que, queriendo yo hacer el bien, hallo la ley de que el mal está presente en mí. Porque en el hombre interior me deleito con la ley de Dios, pero veo otra ley en los miembros de mi cuerpo que hace guerra contra la ley de mi mente, y me hace prisionero de la ley del pecado que está en mis miembros. ¡Miserable de mí! ¿Quién me libertará de este cuerpo de muerte?

—ROMANOS 7:15-24

Sé vivir en pobreza, y sé vivir en prosperidad. En todo y por todo he aprendido el secreto tanto de estar saciado como *de* tener hambre, de tener abundancia como de sufrir necesidad.

—FILIPENSES 4:12

Pues aunque andamos en la carne, no luchamos según la carne. Porque las armas de nuestra contienda no son carnales, sino poderosas en Dios para la destrucción de fortalezas; destruyendo especulaciones y todo razonamiento altivo que se levanta contra el conocimiento de Dios, y poniendo todo pensamiento en cautiverio a la obediencia de Cristo.

—2 CORINTIOS 10:3-5

El sabio escala la ciudad de los poderosos y derriba la fortaleza en que confiaban.

—PROVERBIOS 21:22

También pido en oración que entiendan la increíble grandeza del poder de Dios para nosotros, los que creemos en él. Es el mismo gran poder que levantó a Cristo de los muertos y lo sentó en el lugar de honor, a la derecha de Dios, en los lugares celestiales.

−EFESIOS 1:19-20 (NTV)

La serpiente era más astuta que cualquiera de los animales del campo que el SEÑOR Dios había hecho. Y dijo a la mujer: «¿Conque Dios les ha dicho: "No comerán de ningún árbol del huerto"?». La mujer respondió a la serpiente: «Del fruto de los árboles del huerto podemos comer; pero del fruto del árbol que está en medio del huerto, Dios ha dicho: "No comerán de él, ni lo tocarán, para que no mueran"». Y la serpiente dijo a la mujer: «Ciertamente no morirán. Pues Dios sabe que el día que de él coman, se les abrirán los ojos y ustedes serán como Dios, conociendo el bien y el mal».

−GÉNESIS 3:1-5

Pero temo que, así como la serpiente con su astucia engañó a Eva, las mentes de ustedes sean desviadas de la sencillez y pureza *de la devoción* a Cristo.

−2 CORINTIOS 11:3

Más engañoso que todo es el corazón, y sin remedio; ¿Quién lo comprenderá?

−JEREMÍAS 17:9

Hay camino que al hombre le *parece* derecho, Pero al final, es camino de muerte

−PROVERBIOS 14:12

Porque la palabra de Dios es viva y eficaz, y más
cortante que cualquier espada de dos filos. Penetra
hasta la división del alma y del espíritu, de las
coyunturas y los tuétanos, y *es poderosa* para discernir
los pensamientos y las intenciones del corazón.

—HEBREOS 4:12

Tomen también el CASCO DE LA SALVACIÓN, y la espada
del Espíritu que es la palabra de Dios.

—EFESIOS 6:17

Y no se adapten a este mundo, sino transfórmense
mediante la renovación de su mente, para que
verifiquen cuál es la voluntad de Dios: lo que es bueno
y aceptable y perfecto.

—ROMANOS 12:2

Debe reprender tiernamente a los que se oponen, por
si acaso Dios les da el arrepentimiento que conduce
al pleno conocimiento de la verdad, y volviendo en sí,
escapen del lazo del diablo, habiendo estado cautivos de
él para *hacer* su voluntad.

—2 TIMOTEO 2:25-26

Y conocerán la verdad, y la verdad los hará libres.

—JUAN 8:32

Entonces Jesús fue llevado por el Espíritu al desierto
para ser tentado por el diablo. Después de haber
ayunado cuarenta días y cuarenta noches, entonces
tuvo hambre. Y acercándose el tentador, le dijo:

«Si eres Hijo de Dios, ordena que estas piedras se conviertan en pan». Pero Jesús le respondió: «Escrito está: "No solo de pan vivirá el hombre, sino de toda palabra que sale de la boca de Dios"».

—MATEO 4:1-4 (REF. DEUTERONOMIO 8:3)

Entonces el diablo lo llevó a la ciudad santa, y lo puso sobre el pináculo del templo, y le dijo: «Si eres Hijo de Dios, lánzate abajo, pues escrito está:

"A Sus Ángeles te encomendará",

Y: "En las manos te llevarán,

No sea que Tu pie tropiece en piedra"».

—MATEO 4:5-6 (REF. SALMOS 91:11-12)

Jesús le contestó: «También está escrito: "No tentarás al Señor tu Dios"».

—MATEO 4:7 (REF. DEUTERONOMIO 6:16)

Otra vez el diablo lo llevó a un monte muy alto, y le mostró todos los reinos del mundo y la gloria de ellos, y le dijo: «Todo esto te daré, si te postras y me adoras». Entonces Jesús le dijo: «¡Vete, Satanás! Porque escrito está: "Al Señor tu Dios adorarás, y solo a Él servirás"».

—MATEO 4:8-10 (REF. DEUTERONOMIO 6:13)

El diablo entonces lo dejó; y al instante, unos ángeles vinieron y le servían.

—MATEO 4:11

Todo lo puedo en Cristo que me fortalece.

—FILIPENSES 4:13

Regocíjense en el Señor siempre. Otra vez *lo* diré:
¡Regocíjense!

—FILIPENSES 4:4

«Vengan a Mí, todos los que están cansados y cargados,
y Yo los haré descansar. Tomen Mi yugo sobre ustedes
y aprendan de Mí, que Yo soy manso y humilde de
corazón, y HALLARÁN DESCANSO PARA SUS ALMAS. Porque
Mi yugo es fácil y Mi carga ligera».

—MATEO 11:28-30

Echando toda su ansiedad sobre Él, porque Él tiene
cuidado de ustedes.

—1 PEDRO 5:7

Dios es nuestro refugio y fortaleza,
Nuestro pronto auxilio en las tribulaciones.

—SALMOS 46:1

Entonces, ¿qué diremos a esto? Si Dios *está* por
nosotros, ¿quién *estará* contra nosotros?

—ROMANOS 8:31

Pero en todas estas cosas somos más que vencedores
por medio de Aquel que nos amó.

—ROMANOS 8:37

Pero Dios demuestra su amor para con nosotros,
en que siendo aún pecadores, Cristo murió por
nosotros.

—ROMANOS 5:8

El que no negó ni a Su propio Hijo, sino que lo entregó por todos nosotros, ¿cómo no nos dará también junto con Él todas las cosas?

—ROMANOS 8:32

Porque Tú formaste mis entrañas;
Me hiciste en el seno de mi madre.
Te daré gracias, porque asombrosa y
maravillosamente he sido hecho;
Maravillosas son Tus obras,
Y mi alma lo sabe muy bien.
No estaba oculto de Ti mi cuerpo,
Cuando en secreto fui formado,
Y entretejido en las profundidades de la tierra.
Tus ojos vieron mi embrión,
Y en Tu libro se escribieron todos
Los días que *me* fueron dados,
Cuando *no existía* ni uno solo de ellos.

—SALMOS 139:13-16

Ustedes saben que no fueron redimidos de su vana manera de vivir heredada de sus padres con cosas perecederas *como* oro o plata, sino con sangre preciosa, como de un cordero sin tacha y sin mancha: *la sangre de Cristo.*

—1 PEDRO 1:18-19

SEGUNDA PARTE: EL PRINCIPIO
DE LA RECONEXIÓN

Reconecta tu cerebro, renueva tu mente

Y no se adapten a este mundo, sino transfórmense
mediante la renovación de su mente, para que
verifiquen cuál es la voluntad de Dios: lo que es bueno
y aceptable y perfecto.

—ROMANOS 12:2

En mi corazón he atesorado Tu palabra,
Para no pecar contra Ti.

—SALMOS 119:11

Sé vivir en pobreza, y sé vivir en prosperidad. En
todo y por todo he aprendido el secreto tanto de estar
saciado como *de* tener hambre, de tener abundancia
como de sufrir necesidad.

—FILIPENSES 4:12

Y sucederá que como fueron maldición entre las
naciones, casa de Judá y casa de Israel, así los salvaré
para que sean bendición. No teman, *mas* sean fuertes
sus manos.

—ZACARÍAS 8:13

En todo les mostré que así, trabajando, deben
ayudar a los débiles, y recordar las palabras del

Señor Jesús, que dijo: "Más bienaventurado es dar que recibir".

—HECHOS 20:35

Y Dios puede hacer que toda gracia abunde para ustedes, a fin de que teniendo siempre todo lo suficiente en todas las cosas, abunden para toda buena obra.

—2 CORINTIOS 9:8

Y mi Dios proveerá a todas sus necesidades, conforme a sus riquezas en gloria en Cristo Jesús.

—FILIPENSES 4:19

Porque Dios los compró a un alto precio. Por lo tanto, honren a Dios con su cuerpo.

—1 CORINTIOS 6:20 (NTV)

Jesús les respondió:

—Yo soy el pan de vida. El que viene a mí nunca volverá a tener hambre; el que cree en mí no tendrá sed jamás.

—JUAN 6:35 (NTV)

¡Oh Señor, fuerza mía y fortaleza mía,

Refugio mío en el día de angustia!

A ti vendrán las naciones

Desde los confines de la tierra y dirán:

«Nuestros padres heredaron solo mentira,

Vanidad y cosas sin provecho».

—JEREMÍAS 16:19

Entonces, ¿qué diremos a esto? Si Dios *está* por
nosotros, ¿quién *estará* contra nosotros? El que no
negó ni a Su propio Hijo, sino que lo entregó por
todos nosotros, ¿cómo no nos dará también junto con
Él todas las cosas? ¿Quién acusará a los escogidos
de Dios? Dios es el que justifica. ¿Quién es el que
condena? Cristo Jesús es el que murió, sí, más aún, el
que resucitó, el que además está a la diestra de Dios,
el que también intercede por nosotros. ¿Quién nos
separará del amor de Cristo? ¿Tribulación, o angustia,
o persecución, o hambre, o desnudez, o peligro, o
espada? Tal como está escrito:

«POR CAUSA TUYA SOMOS PUESTOS A MUERTE TODO EL DÍA;
SOMOS CONSIDERADOS COMO OVEJAS PARA EL
MATADERO».

Pero en todas estas cosas somos más que vencedores por medio de Aquel que nos amó. Porque estoy
convencido de que ni la muerte, ni la vida, ni ángeles,
ni principados, ni lo presente, ni lo por venir, ni los
poderes, ni lo alto, ni lo profundo, ni ninguna otra cosa
creada nos podrá separar del amor de Dios que es en
Cristo Jesús Señor nuestro.

–ROMANOS 8:31-39

Los que están dominados por la naturaleza pecaminosa
piensan en cosas pecaminosas, pero los que son
controlados por el Espíritu Santo piensan en las cosas
que agradan al Espíritu. Por lo tanto, permitir que la

naturaleza pecaminosa les controle la mente lleva a la muerte. Pero permitir que el Espíritu les controle la mente lleva a la vida y a la paz.

—ROMANOS 8:5-6 (NTV)

Este libro de la ley no se apartará de tu boca, sino que meditarás en él día y noche, para que cuides de hacer todo lo que en él está escrito. Porque entonces harás prosperar tu camino y tendrás éxito.

—JOSUÉ 1:8

Sino que en la ley del SEÑOR está su deleite,
Y en Su ley medita de día y de noche.

—SALMOS 1:2

Hemos meditado en Tu misericordia, oh Dios,
En medio de Tu templo.

—SALMOS 48:9

Meditaré en toda Tu obra,
Y reflexionaré en Tus hechos.

—SALMOS 77:12

Aunque los príncipes se sienten y hablen contra mí,
Tu siervo medita en Tus estatutos.

—SALMOS 119:23

Hazme entender el camino de Tus preceptos,
Y meditaré en Tus maravillas.

—SALMOS 119:27

Me acuerdo de los días antiguos;

En todas Tus obras medito,

Reflexiono en la obra de Tus manos.

—SALMOS 143:5

En el glorioso esplendor de Tu majestad,

Y en Tus obras maravillosas meditaré.

—SALMOS 145:5

TERCERA PARTE: EL PRINCIPIO
DE LA REESTRUCTURACIÓN

Reestructura tu mente, restaura tu perspectiva

Confía en el Señor con todo tu corazón,

Y no te apoyes en tu propio entendimiento.

Reconócelo en todos tus caminos,

Y Él enderezará tus sendas.

—PROVERBIOS 3:5-6

Además, mis amados hermanos, quiero que sepan que todo lo que me ha sucedido en este lugar ha servido para difundir la Buena Noticia. Pues cada persona de aquí —incluida toda la guardia del palacio— sabe que estoy encadenado por causa de Cristo; y dado que estoy preso, la mayoría de los creyentes de este lugar han aumentado su confianza y anuncian con valentía el mensaje de Dios sin temor.

—FILIPENSES 1:12-14 (NTV)

«Porque Mis pensamientos no son los pensamientos
 de ustedes,
  Ni sus caminos son Mis caminos», declara el Señor.
«Porque *como* los cielos son más altos que la tierra,
  Así Mis caminos son más altos que sus caminos,
 Y Mis pensamientos más que sus pensamientos.

    —ISAÍAS 55:8-9

Este es el día que el Señor ha hecho;
  Regocijémonos y alegrémonos en él.

    —SALMOS 118:24

CUARTA PARTE:
EL PRINCIPIO DEL REGOCIJO

Revive tu alma, reclama tu vida

¡Aleluya!
Den gracias al Señor, porque es bueno;
  Porque para siempre es Su misericordia.

    —SALMOS 106:1

Y anduvo por el desierto un día de camino, y vino y se
sentó bajo un arbusto; pidió morirse y dijo: «Basta ya,
Señor, toma mi vida porque yo no soy mejor que mis
padres».

    —1 REYES 19:4

Regocíjense en el Señor siempre. Otra vez *lo* diré:
¡Regocíjense! La bondad de ustedes sea conocida
de todos los hombres. El Señor está cerca. Por nada

estén afanosos; antes bien, en todo, mediante oración
y súplica con acción de gracias, sean dadas a conocer
sus peticiones delante de Dios. Y la paz de Dios, que
sobrepasa todo entendimiento, guardará sus corazones
y sus mentes en Cristo Jesús.

—FILIPENSES 4:4-7

Entonces el SEÑOR le dijo: «Sal y ponte en el monte
delante del SEÑOR». En ese momento el SEÑOR pasaba,
y un grande y poderoso viento destrozaba los montes y
quebraba las peñas delante del SEÑOR; *pero* el SEÑOR no
estaba en el viento. Después del viento, un terremoto;
pero el SEÑOR no *estaba* en el terremoto. Después del
terremoto, un fuego; *pero* el SEÑOR no *estaba* en el
fuego. Y después del fuego, el susurro de una brisa
apacible.

—1 REYES 19:11-12

Justo es el SEÑOR en todos Sus caminos,
Y bondadoso en todos Sus hechos.
El SEÑOR está cerca de todos los que lo invocan,
De todos los que lo invocan en verdad.
Cumplirá el deseo de los que le temen,
También escuchará su clamor y los salvará.

—SALMOS 145:17-19

Y decía: «¡Abba, Padre! Para Ti todas las cosas son
posibles; aparta de Mí esta copa, pero no sea lo que Yo
quiero, sino lo que Tú *quieras*».

—MARCOS 14:36

Humíllense, pues, bajo la poderosa mano de Dios, para que Él los exalte a su debido tiempo, echando toda su ansiedad sobre Él, porque Él tiene cuidado de ustedes.

—1 PEDRO 5:6-7

Y no se adapten a este mundo, sino transfórmense mediante la renovación de su mente, para que verifiquen cuál es la voluntad de Dios: lo que es bueno y aceptable y perfecto.

—ROMANOS 12:2

Los que están dominados por la naturaleza pecaminosa piensan en cosas pecaminosas, pero los que son controlados por el Espíritu Santo piensan en las cosas que agradan al Espíritu. Por lo tanto, permitir que la naturaleza pecaminosa les controle la mente lleva a la muerte. Pero permitir que el Espíritu les controle la mente lleva a la vida y a la paz.

—ROMANOS 8:5-6 (NTV)

Así que acerquémonos con toda confianza al trono de la gracia de nuestro Dios. Allí recibiremos su misericordia y encontraremos la gracia que nos ayudará cuando más la necesitemos.

—HEBREOS 4:16 (NTV)

La multitud se levantó a una contra ellos, y los magistrados superiores, rasgándoles sus ropas, ordenaron que *los* azotaran con varas. Después de darles muchos azotes, los echaron en la cárcel, ordenando al carcelero que los guardara con seguridad;

el cual, habiendo recibido esa orden, los echó en el calabozo interior y les aseguró los pies en el cepo. Como a medianoche, Pablo y Silas oraban y cantaban himnos a Dios, y los presos los escuchaban. De repente se produjo un gran terremoto, de tal manera que los cimientos de la cárcel fueron sacudidos. Al instante se abrieron todas las puertas y las cadenas de todos se soltaron.

—HECHOS 16:22-26

¿Entonces qué? Que de todas maneras, ya sea fingidamente o en verdad, Cristo es proclamado; y en esto me regocijo, sí, y me regocijaré. Porque sé que esto resultará en mi liberación mediante las oraciones de ustedes y la provisión del Espíritu de Jesucristo, conforme a mi anhelo y esperanza de que en nada seré avergonzado, sino que con toda confianza, aun ahora, como siempre, Cristo será exaltado en mi cuerpo, ya sea por vida o por muerte. Pues para mí, el vivir es Cristo y el morir es ganancia.

—FILIPENSES 1:18-21

¿Por qué te desesperas, alma mía,
    Y por qué te turbas dentro de mí?
Espera en Dios, pues he de alabarlo otra vez
    Por la salvación de Su presencia.

—SALMOS 42:5

Bendice, alma mía, a Jehová,

Y bendiga todo mi ser su santo nombre.

Bendice, alma mía, a Jehová,

Y no olvides ninguno de sus beneficios.

—SALMOS 103:1-2 (RVR1960)

Alaba, oh alma mía, a Jehová.

Alabaré a Jehová en mi vida;

Cantaré salmos a mi Dios mientras viva.

—SALMOS 146:1-2 (RVR1960)

De día mandará el SEÑOR Su misericordia,

Y de noche Su cántico *estará* conmigo;

Elevaré una oración al Dios de mi vida.

—SALMOS 42:8

Bendigan al SEÑOR, ustedes todos Sus ejércitos,

Que le sirven haciendo Su voluntad.

Bendigan al SEÑOR, ustedes todas Sus obras,

En todos los lugares de Su dominio.

Bendice, alma mía, al SEÑOR.

—SALMOS 103:21-22

Sean *de espíritu* sobrio, estén alerta. Su adversario, el diablo, anda *al acecho* como león rugiente, buscando a quien devorar.

—1 PEDRO 5:8

AGRADECIMIENTOS

QUISIERA EXPRESAR MI MÁS PROFUNDA GRATITUD A todos mis amigos que ayudaron a hacer este libro posible.

Amy Groeschel, eres mi mejor amiga para siempre. Gracias por estar «completamente entregada a Dios» conmigo durante tres décadas y contando.

Vince Antonucci, eres lo mejor de lo mejor de lo mejor. Sinceramente agradezco a Dios por tu amistad durante todos estos años. Tu pasión, creatividad y amor por este mensaje es evidente en cada página. Tus dones son poco comunes y especiales. Gracias por compartirlos conmigo para expandir el alcance de nuestro ministerio. Estoy profundamente agradecido contigo.

Dudley Delffs, estoy agradecido por tu inversión en este proyecto. Tus comentarios, sugerencias y cambios marcaron una diferencia real.

Katherine Fedor, gracias por ser la persona más apasionada del detalle sobre la faz de la tierra.

Webster Younce, Andy Rogers, Brian Phipps, Robin Schmitt, Curt Diepenhorst, Paul Fisher, Trinity McFadden y el resto del equipo de Zondervan, es verdaderamente un honor publicar con ustedes. Ustedes honran a Jesús con lo que hacen, y se nota.

Tom Winters, es difícil de creer cuántos libros hemos hecho juntos. Eres un amigo confiable y un agente ridículamente tenaz.

Adrianne Manning, eres la encantadora de libros. Gracias por interesarte en este mensaje tanto como yo. Haces que el alcance de nuestro ministerio sea mucho más amplio y nuestras vidas mucho mejores.

A ti, lector, gracias por emprender esta travesía conmigo. Hagámoslo juntos. Toma esos pensamientos que son contrarios a la verdad de Dios. Reemplaza las mentiras que crees con la verdad inmutable de Dios. Cambia tu manera de pensar. Y permite que Dios cambie tu vida.

NOTAS

1. «What Is CBT Psychology, and What Are Its Benefits?», *Betterhelp.com,* 7 agosto 2020, www.betterhelp.com/advice/psychologists/what-is-cbt-psychology-and-what-are-its-benefits.
2. Jena E. Pincott, «Wicked Thoughts», *Psychology Today,* 1 septiembre 2015; última actualización, 10 junio 2016, www.psychologytoday.com/us/articles/201509/wicked-thoughts.
3. Emily Dreyfuss, «Want to Make a Lie Seem True? Say It Again. And Again. And Again», *Wired.com,* 11 febrero 2017, www.wired.com/2017/02/dont-believe-lies-just-people-repeat.
4. Dan, «A New Word Every 98 Minutes», *EngLangBlog,* 9 mayo 2009, http://englishlangsfx.blogspot.com/2009/05/new-word-every-98-minutes.html.
5. A. Wilke y R. Mata, «Cognitive Bias», en *Encyclopedia of Human Behavior,* 2nd ed., ed. V. S. Ramachandran (Burlington, MA: Academic Press, 2012), www.sciencedirect.com/topics/neuroscience/cognitive-bias.
6. Wei-chin Hwang, «Practicing Mental Strengthening», en *Culturally Adapting Psychotherapy for Asian Heritage Populations* (Burlington, MA: Academic Press, 2016), www.sciencedirect.com/topics/psychology/cognitive-reframing.
7. Consulte www.drleaf.com/pages/about-dr-leaf.
8. Citado en Megan Kelly, «How Prayer Changes the Brain and Body», *Renewing All Things,* 9 junio 2015, https://renewingallthings.com/how-prayer-changes-the-brain-and-body.

9. Michael Liedke, «Neurophysiological Benefits of Worship», *Journal of Biblical Foundations of Faith and Learning* 3, no. 1 (2018): p. 5, https://knowledge.e.southern.edu/cgi/viewcontent. cgi?article=1063&context=jbffl.

10. Peter A. Boelens et al., «A Randomized Trial of the Effect of Prayer on Depression and Anxiety, *International Journal of Psychiatry in Medicine* 39, no. 4, enero 2009: pp. 377-92, www. researchgate.net/publication/43146858_A_Randomized_Trial_of_ the_Effect_of_Prayer_on_Depression_and_Anxiety. Citado en Liedke, «Neurophysiological Benefits of Worship», 6.

11. James W. Anderson y Paige A. Nunnelley, «Private Prayer Associations with Depression, Anxiety and Other Health Conditions: An Analytical Review of Clinical Studies», *Postgraduate Medicine* 128, no. 7, julio 2016: pp. 635-41, www. researchgate.net/publication/305630281_Private_prayer_ associations_with_depression_anxiety_and_other_health_ conditions_an_analytical_review_of_clinical_studies. Citado en Liedke, «Neurophysiological Benefits of Worship», 6.

12. Karen L. Kuchan, «Prayer as Therapeutic Process toward Aliveness within a Spiritual Direction Relationship», *Journal of Religion and Health* 47, no. 2, julio 2008: pp. 263-75, www. researchgate.net/publication/23686585_Prayer_as_Therapeutic_ Process_Toward_Aliveness_Within_a_Spiritual_Direction_ Relationship. Citado en Liedke, «Neurophysiological Benefits of Worship», 6.